# LES
# RESPONSABILITÉS

## LETTRES

### D'UN GENTILHOMME DE PROVINCE

### A M^{GR} LE COMTE DE CHAMBORD

PARIS

E. DENTU, LIBRAIRE-ÉDITEUR

Palais-Royal, 17-19, Galerie d'Orléans

1875

# LES RESPONSABILITÉS

# LES

# RESPONSABILITÉS

## LETTRES

### D'UN GENTILHOMME DE PROVINCE

## A M^{GR} LE COMTE DE CHAMBORD

PARIS

E. DENTU, LIBRAIRE-ÉDITEUR

PALAIS-ROYAL 17-19, GALERIE D'ORLÉANS,

—

1875

PARIS

IMPRIMERIE BALITOUT, QUESTROY ET C<sup>e</sup>

rue Baillif, 7.

# LES

# RESPONSABILITÉS

## PREMIÈRE LETTRE

### DES DEVOIRS DU PARTI LÉGITIMISTE

#### DANS LA SITUATION PRÉSENTE

Monseigneur,

Les députés légitimistes ont voté contre l'institution républicaine du 25 février 1875.; ils ont pris plus ou moins de
part à la discussion des lois organiques; mais le scrutin ouvert sur chacune de ces lois les a trouvés divisés.

Que doivent-ils faire maintenant?

Doivent-ils coopérer, suivant leur droit, à l'élection des
sénateurs? Ou bien, tout au contraire, s'abstiendront-ils de
rien dire et rien faire qui soit de nature à diminuer les dan-
gers de la République?

De ces deux partis, ils auraient tous, dans la soirée du
25 février, embrassé le dernier, tant ils étaient, dit-on, dé-
couragés, navrés et irrités. L'abstention leur semblait alors
un moyen naturel de représailles et la plus innocente des
revanches. Mais il n'y a qu'un moment où ces résolutions

*ab irato* soient excusables ; c'est le premier moment et le voilà passé depuis plus de cinq mois. Aujourd'hui l'on en cite un grand nombre qui, réflexion faite, répudient cette politique de colère et n'assisteront pas, comme à un spectacle, au drame inquiétant qui va s'ouvrir.

J'en ferais autant à leur place.

Les légitimistes se sont-ils jamais bornés à ce rôle contemplatif ? Que faisaient-ils en si grand nombre aux Assemblées nationales de 1848 et 1849 ? Ils ont presque tous voté la Constitution républicaine d'alors et essayé pendant trois ans, loyalement essayé de la faire vivre.

L'abstention n'est pas dans nos habitudes, car elle est, surtout aux époques de tourmente, contraire à nos devoirs. L'émigration à l'intérieur nous serait aussi fatale que l'a été jadis l'émigration au dehors ; elle serait moins chevaleresque. Est-ce pour s'abstenir qu'on allait à Coblentz ?

Trève à ces bouderies d'enfant !

Il n'est ni beau, ni grand, ni salutaire à personne, de se condamner soi-même à être inutile. N'est pas, d'ailleurs, inutile qui veut. L'inaction, quand elle est volontaire, nous rend complices de toutes les fautes, de tous les crimes qu'il nous eût été possible de prévenir par une intervention à l'heure opportune. Nous répondrons, comme parti devant l'histoire, et chacun de nous individuellement devant Dieu, de l'impuissance à laquelle nos passions et nos sophismes d'aujourd'hui nous auront peut-être réduits demain.

Ah ! que les députés légitimistes se gardent bien de la sagesse de Pilate ! Qu'ils ne se lavent pas les mains du sang innocent qui, par suite de leur abstention, pourrait un jour être versé !

L'action de notre parti, s'il voulait la proportionner, à chaque instant, aux besoins immédiats du pays, serait aisément bienfaisante. Ce n'est pas en disant : la monarchie ou rien ! que l'on sert le Roi ni la France.

J'ai vu dans une ambulance, pendant la dernière guerre, un pauvre soldat amputé. Il était en proie à la fièvre, jurait, blasphémait, ne voulant pas même qu'on prononçât à son chevet le nom sacré, ordinairement si cher à ceux qui souf-

frent. Je l'ai vu repousser, en son délire, la sœur de charité
qui le soignait ; il la repoussait, me dit-elle, à cause de la
croix qu'il voyait sur son cœur et qu'elle dissimulait de son
mieux, la sainte fille, afin de ne pas l'exaspérer. De minute
en minute, cependant, il lui demandait quelque service. Elle
ne lui en refusait aucun, le pansait, lavait ses linges, lui donnait à boire, sans oser seulement lui parler de Dieu, de ce
Dieu qui lui donnait, à elle, tant de patience et qu'elle savait
être le grand remède et le grand médecin. J'ai su depuis que
ce vaillant soldat avait, grâce aux vertus et aux prières de la
« bonne sœur » recouvré, avec la santé, la raison et même
la foi.

La France ne ressemble-t-elle pas un peu à ce malade ? Eh
bien ! dirai-je à mes amis, soyons pour elle la sœur de charité. Ménageons ses antipathies peut-être passagères. Retour-
nons-la pieusement sur son grabat. Restons les serviteurs de
ses besoins.

Je rappelais à Monseigneur la seconde République. Quelle
constitution que celle-là ! Un préambule gros de tempêtes,
une Assemblée unique, un Président élu par le suffrage
universel, le droit de révolte consacré par l'article III.
Tous les amendements présentés ou soutenus par les légitimistes, en vue d'améliorer cet ouvrage, avaient été combat-
tus et rejetés par la majorité républicaine. Que firent, cependant, les légitimistes ? Au lieu de protester par leur vote ou
seulement par leur abstention contre une loi indispensable,
quoique défectueuse, la plupart, au dernier moment, l'adop-
tèrent (1).

Plutôt que de s'asseoir philosophiquement sur la rive, pour
assister de loin à un naufrage trop prévu, ils s'embarquèrent,
sans grand espoir, sur ce navire mal construit qui portait les

(1) Entr'autres le duc de Luynes, M. Béchard, M. Blin de Bourdon,
M. Carayon-Latour, l'abbé de Cazalès, M. Chapot, M. Dahirel, le colonel
de Lespinasse, le comte de Falloux, M. Fresnau, M. Poujoulat, M. de Pa-
nat, l'abbé Danièlo, le marquis de Vogué, M. Favreau, M. Crespel de
Latouche, M. Sauvaire-Barthélemy, etc., etc. Il n'y eut, dans le parti, que
trois abstentions volontaires et cinq votes négatifs. Cinq autres légitimistes étaient alors en congé régulier, notamment M. de la Rochette (V. le
*Moniteur* du 3 nov. 1848).

destinées de la France, bien résolus à le défendre, à leurs risques et périls, contre les assauts des pirates.

Cette fatale Constitution de 1848 était cependant réformable; mais ce n'était pas la Législative qui, après trois ans d'expérience, pouvait la réformer. Non ! ce devait être une Assemblée nouvelle, spécialement nommée à cet effet. Pour réunir cette Assemblée nouvelle, il fallait que la Législative, dans la dernière année de son existence, eût exprimé trois fois le vœu que la Constitution fût révisée. Ce n'est pas tout, hélas ! Chacune de ces délibérations devait être prise, non à la majorité, mais aux trois quarts des voix. Ainsi, sur une question si grave, c'est la minorité qui faisait loi. On l'avait armée du droit de *veto* contre les résolutions de la majorité.

Qu'arriva-t-il? Le 19 juillet 1851, sur la proposition du duc de Broglie, cette question de révision fut portée à la tribune. Après trois jours de discussion, une minorité de 278 voix l'emporta sur une majorité de 446 voix, et enchaîna la liberté publique à une constitution dont elle devait mourir.

Tous les légitimistes prévoyants, et à leur tête les plus illustres, Berryer, Falloux, Vatimesnil, ceux qui avaient voté la Constitution et ceux qui ne l'avaient pas votée, tous se sont associés au vœu du duc de Broglie et du comte Alexis de Tocqueville. Il n'en faut excepter que deux, MM. de la Rochette et de la Rochejacquelein.

Le devoir patriotique, si bien rempli par les députés royalistes de 1848 à 1851, est échu aujourd'hui à leurs successeurs. La France est toujours placée entre les deux périls que l'on tentait alors de conjurer, la démagogie et le césarisme. Mais comme elle ne passerait plus, sans y risquer son existence, à travers les épreuves qu'elle a déjà subies, le devoir de nos députés est plus impérieux qu'il ne pouvait le paraître à leurs devanciers.

La Constitution du 25 février manque, c'est vrai, de la suprême garantie, la Royauté, immuable pivot de toute constitution libérale et conservatrice. A cela près, cette Constitution, que nos amis n'ont pas votée, est incomparablement supérieure à celle de 1848 que nos amis avaient votée. Elle n'a pas été conçue arbitrairement, empiriquement, en dehors de toutes les données de l'expérience. Point de préambule. Deux Chambres. Un Président nommé pour sept ans par la représentation nationale et rééligible par elle. L'illustre Maréchal à qui revient le périlleux honneur d'inaugurer cette grande charge porte, sur le siége présidentiel, le courage, le désintéressement, les fermes et modestes vertus de Washington. Le pouvoir de dissoudre, de l'avis du Sénat, la Chambre des députés, est conféré à ce magistrat, ce qui est une espèce de droit régalien jusqu'ici inconnu dans toutes les républiques.

Enfin la constition nouvelle est révisable en 1880 et, ensuite, tous les sept ans ; elle l'est chaque année et même à chaque instant, sur la seule proposition du Président de la République. Elle l'est par les Chambres mêmes à qui la pratique en aura révélé les défauts, et c'est à la simple majorité des voix que peuvent s'opérer les réformes.

Ne renonçons donc pas à la vie politique. Usons de tous les droits qui nous appartiennent, et si nous voulons en user sans passion, avec prudence, en gens de bien, ne nous séparons jamais du parti conservateur et libéral. Eût-il choisi, en dehors de nos rangs, d'autres guides et d'autres chefs, servons-le, s'il le faut, comme simples soldats. C'est un poste de dévouement qui a sa gloire, et quelquefois sa récompense. Nos alliés naturels ne peuvent être ni dans le camp des Jacobins, ni dans le camp des Césariens. Que nos députés s'en souviennent ! Il n'y a de fécond que le sacrifice. Ils nous en doivent l'exemple. Ils ont à nommer soixante-quinze sénateurs. Qu'ils ne refusent pas leurs suffrages aux hommes de bonne foi qui, résolus à faire loyalement ce dernier essai de République, ne seraient pas moins résolus, en cas d'échec, à leur prêter la main pour relever la Monarchie.

Voilà le seul plan de conduite qui soit raisonnable et avouable.

Si le nouveau régime procure à notre patrie l'ordre intérieur, le crédit, la prospérité, ne troublons pas la joie que fera naître ce spectacle inattendu. Si, par hasard, le gouvernement républicain, prenant racine, sort de l'isolement fatal auquel il semble condamné au milieu des monarchies européennes, ayons assez de patriotisme pour nous en réjouir nous-mêmes. Faisons mieux : contribuons à ce résultat dans la mesure de notre influence et de nos forces.

Après cela, si, malgré nos efforts, le contraire arrivait ; si, nonobstant notre loyal et persévérant concours, les élections prochaines, dans la Chambre et dans le pays, trompaient l'attente des conservateurs ; en un mot, si l'expérience qu'on va faire n'aboutissait qu'à démontrer une fois de plus combien est illusoire l'espérance d'une république conservatrice, et qu'il fût néanmoins impossible, à raison de la composition césarienne ou jacobine du Parlement, de rétablir, en ce pays, la constitution monarchique, alors que se passera-t-il ? Je ne crois pas qu'il soit possible à l'homme d'État le plus sagace de le prévoir. Ce qui est certain, c'est que la France peut périr dans les convulsions auxquelles la voilà de nouveau exposée.

# DEUXIÈME LETTRE

Dieu nous dérobe à tous la connaissance de l'avenir réservé à notre patrie.

Aussi, quand nous paraîtrons devant lui, ne nous demandera-t-il pas si notre conduite ici-bas a été, oui ou non, conforme à des plans qu'il lui avait plu de nous cacher. Que nous les ayons à notre insu ou contrariés ou servis, peu importe! il nous jugera d'après nos bons ou mauvais sentiments, d'après l'usage que nous aurons fait des lumières bornées qu'il nous avait départies, et saura mieux que nous ce que notre orgueil ou nos passions y avaient mêlé d'ombre.

Mais les nations, qui ne lisent pas au fond des cœurs, sont plus sévères que Dieu même; elles sont parfois impitoyables pour ceux de leurs enfants à qui elles attribuent leurs malheurs.

Si la France court aux aventures et qu'elle en rencontre de funestes, qui donc en accusera-t-elle? La famille d'Orléans? l'Assemblée? tel ou tel groupe parlementaire?

J'ai amis et parents à Versailles; j'ai recueilli beaucoup de confidences, pris copie des pièces capitales du procès, et qu'ai-je appris? C'est qu'en politique comme à la guerre, et en toute rencontre, les princes d'Orléans ont fait leur devoir. C'est que, dans l'Assemblée, chaque groupe royaliste a fait le sien.

Qui donc a mis obstacle au rétablissement de la Monarchie?

Je dois toute la vérité à Monseigneur: Dieu lui donne la

force de l'entendre, et me donne à moi-même, quoi qu'il m'en coûte, le courage de la lui dire!

Qui a compromis ainsi l'avenir de notre patrie?

Hélas! c'est Monseigneur lui-même.

Rien, malheureusement, n'est plus facile à démontrer.


## § 1


### LES PREMIERS MANIFESTES DE MONSEIGNEUR


Monseigneur avait mis, d'abord, au rétablissement de la Monarchie une seule condition, mais très nettement exprimée, dans son manifeste du 5 juillet 1871.

Cette condition, à ce qu'il paraît, en sous-entendait d'autres, que Monseigneur ne nous a révélées que plus tard et que j'examinerai en leur lieu.

Monseigneur était à Chambord; les princes d'Orléans allaient partir pour lui rendre leurs hommages, et sceller par une réconciliation de famille la réconciliation des partis monarchiques. Rien jusqu'alors ne liait Monseigneur; on pouvait espérer qu'il garderait sa liberté pour étudier en France, avec ses amis tant anciens que nouveaux, les moyens les plus sûrs d'aplanir les voies au rétablissement de la monarchie. Mais Monseigneur pria ses illustres parents d'ajourner leur visite. Pourquoi? Pour se lier d'avance et solennellement sur la question du drapeau. Monseigneur voulait faire un manifeste; il le fit, en effet, et on lit dans cet acte, daté du 5 juillet 1871, le passage suivant :


« Je suis prêt à tout pour aider mon pays à se relever de ses ruines, et à reprendre son rang dans le monde. Le seul sacrifice que je ne puisse lui faire est celui de mon honneur. Je suis et je veux être de mon temps ; je rends un sincère hommage à toutes ses grandeurs, et quelle que fût la couleur du drapeau sous lequel marchaient nos soldats, j'ai admiré leur héroïsme et rendu grâce à Dieu de tout ce que leur bravoure ajoutait au trésor des gloires de la France. Entre vous et moi, il ne doit subsister ni malentendu, ni arrière-pensée. Non ! je ne laisserai pas, parce que l'ignorance ou la crédulité auront parlé de priviléges, d'absolutisme et d'intolérance, que sais-je encore ? de dîmes, de droits féodaux, fantômes que la plus audacieuse mauvaise foi essaie de ressusciter à vos yeux, *je ne laisserai pas arracher de mes mains l'étendard d'Henri IV, de François Ier et de Jeanne d'Arc.*

» C'est avec lui que s'est faite l'unité nationale ; c'est avec lui que vos pères, conduits par les miens, ont conquis cette Alsace et cette Lorraine, dont la fidélité sera la consolation de nos malheurs. Il a vaincu la barbarie sur cette terre d'Afrique, témoin des premiers faits d'armes des princes de ma famille ; c'est lui qui vaincra la barbarie nouvelle dont le monde est menacé.

» Je le confierai sans crainte à la vaillance de notre armée; il n'a jamais suivi, elle le sait, que le chemin de l'honneur.

» Je l'ai reçu comme un dépôt sacré des mains du vieux Roi, mon aïeul, mourant en exil ; il a toujours été pour moi inséparable du souvenir de la patrie absente ; *il a ombragé mon berceau, je veux qu'il ombrage ma tombe.*

» Dans les plis glorieux de cet étendard sans tache, je vous apporterai l'ordre et la liberté.

» Français !

» *Henri V ne peut abandonner le drapeau blanc d'Henri IV.* »


Les quelques serviteurs dévoués qui, seuls, ont été mis dans la confidence de ce manifeste, avant sa publication, en avaient bien prévu l'effet. Tout en rendant justice aux sentiments qui l'ont dicté, ils conseillaient néanmoins à Monseigneur de ne pas engager témérairement son honneur sur une question de cette nature.

Il en est qui se sont jetés, en pleurant, aux pieds de Monseigneur, le suppliant, l'un par ses cheveux blancs, l'autre par ses blessures, de ne pas risquer ainsi le sort de la Monarchie et celui de la France.

Sourd aux prières de ces fidèles serviteurs, Monseigneur lance la proclamation et, en hâte, s'en retourne à l'étranger, comme s'il eût craint de constater de près l'effet qu'elle allait produire.

Elle eut cette étrange fortune de réjouir les ennemis de Monseigneur, de n'attrister que ses amis.

— « C'est un adieu, disaient les vieux royalistes, voilà pour une abdication, un magnifique préambule ! — Non, ce n'est qu'un essai, disaient les plus confiants. Quand le Roi saura l'impression que ses paroles ont produites, il les retirera. »

Tous se trompaient. Au lieu de les retirer, Monseigneur les a confirmées et aggravées par un second manifeste, en date du 25 janvier 1872. Voici quelques passages de ce document :

« On s'étonne de m'avoir vu m'éloigner de Chambord..... et l'on attribue ma résolution à une secrète pensée d'abdication.

..... » Toutes les espérances fondées sur l'oubli de mes devoirs sont vaines (1).

» *Je n'abdiquerai jamais.*

. . . . . . . . . . . . . . . . . . . . . . . .

» Si le drapeau blanc a éprouvé des revers, *il est des humiliations qu'il n'a point connues.*

. . . . . . . . . . . . . . . . . . . . . . . .

» Rien n'ébranlera mes résolutions, rien ne lassera ma patience ; et personne, sous aucun prétexte, n'obtiendra de moi que je consente à devenir *le Roi légitime de la révolution* (2). »

______

(1) Personne en France n'a souhaité que Monseigneur oubliât jamais *ses devoirs.* On a pu souhaiter que Monseigneur, pour les remplir, les comprît bien, et c'est cette espérance qui, quoique très légitime et très chrétienne, a, jusqu'à ce jour, été *vaine.*

(2) Je souligne, sans m'y arrêter, certains passages sur lesquels je me réserve d'appeler, au cours de cet ouvrage, toute l'attention de Monseigneur.

## § 2

### ACCORD DES PARTIS MONARCHIQUES.

Ces déclarations très aggravantes nous affligèrent, s'il est possible, encore plus que les premières, et, cependant, ne nous découragèrent point. La joie que cette nouvelle imprudence inspirait à nos adversaires, les éloges qu'elle attirait à son royal auteur de la part des bonapartistes et des républicains, semblaient devoir être, pour Monseigneur, un avertissement salutaire.

« — Bravo ! s'écriaient-ils, ces juges délicats du point d'honneur, bravo ! M. le comte de Chambord n'a qu'une parole. Il mourra en Allemagne plutôt que d'abdiquer. Prince, vous avez raison : persévérez ! Emportez dans la tombe, vous ferez bien, non-seulement votre drapeau, mais la Monarchie capétienne tout entière. »

Hélas ! nous disions-nous, pourvu que Monseigneur n'y entraîne pas aussi la France !

C'est sous cette impression que fut rédigé, le mois suivant, par les députés de la droite, certain programme politique, dont je transporte ici une seule page :

« La monarchie héréditaire, représentative, constitutionnelle, assure au pays, *avec son droit d'intervention dans la gestion des affaires, et sous la garantie de la responsabilité ministérielle, les libertés nécessaires, libertés politiques, civiles, religieuses ; l'égalité devant la loi, le libre accès à tous les emplois, à tous les honneurs, à tous les avantages sociaux ; l'amélioration pacifique et continue de la condition des classes ouvrières.*

» CETTE MONARCHIE EST CELLE QUE NOUS VOULONS. RESPECTANT, D'AILLEURS, NOTRE PAYS AUTANT QUE NOUS L'AIMONS, NOUS N'ATTENDONS RIEN QUE DU VŒU DE LA NATION LIBREMENT EXPRIMÉ PAR SES MANDATAIRES. »

La pièce est du 17 février 1872.

Il était difficile de faire entendre à Monseigneur d'une façon plus claire, plus respectueuse et plus ferme, les résolutions du parti légitimiste. Ce programme, à la vérité, ne liait que les députés qui, les premiers, l'avaient signé, il ne s'adressait point directement à Monseigneur, pas même au public qui n'en eut alors aucune connaissance, tant on était jaloux de laisser à Monseigneur, outre sa liberté d'appréciation, l'initiative des propositions nécessaires à un arrangement.

On dut croire que Monseigneur avait compris ce discret langage, car ce même programme lui ayant été communiqué à Anvers par quelques membres de l'extrême droite, Monseigneur les a, de vive voix et par écrit, autorisés à le signer. Aussi presque tous les chevau-légers y ont-ils dès lors apposé leurs signatures. Ils se sont donc tous engagés, avec la droite modérée et le centre-droit, à poursuivre le même but, le rétablissement de la Monarchie constitutionnelle. Ils ont déclaré, tous ensemble, qu'elle assure au pays son DROIT d'intervention dans la gestion de ses affaires, et que les libertés publiques ne seraient que des biens précaires, si elles n'avaient pour garantie la RESPONSABILITÉ MINISTÉRIELLE.

Monseigneur dira peut-être qu'il n'était pas question, en cet écrit, du drapeau tricolore.

Il est très vrai qu'il n'en était rien dit, au moins directement. Mais, comment interpréter cette phrase : « RESPECTANT NOTRE PAYS, etc., *nous* n'attendons rien que du vœu de la nation, exprimé par ses MANDATAIRES ? »

Si le sens avait pu en paraître obscur à Monseigneur, le centre droit, dans sa réponse au programme légitimiste, ne l'avait-il pas suffisamment éclairci ?

Royalistes de toute origine, les signataires de ces actes étaient, dès cette époque, formellement d'accord sur les principes. Ils l'étaient implicitement même sur le drapeau, les chevau-légers n'ayant jamais élevé, en leur nom, une objection contre les trois couleurs, et désirant laisser à la sagesse de Monseigneur la solution de cette difficulté que Monseigneur seul avait créée.


## § 3


### VISITE DES PRINCES D'ORLÉANS A MONSEIGNEUR


Une des premières conséquences de cette union entre les partis monarchiques fut la journée du 24 mai 1873. Le 5 août suivant, le petit-fils du roi Louis-Philippe rendait à Monseigneur la visite promise.

« Je viens vous rendre une visite que je souhaitais de vous faire depuis longtemps, a dit à Monseigneur M. le comte de Paris. Je viens, en mon nom et au nom de tous les membres de ma famille, vous présenter nos respectueux hommages, non-seulement comme au chef de notre maison, mais encore comme au seul représentant du principe monarchique en France. *Je souhaite qu'un jour vienne où la nation française comprenne que son salut est dans ce principe. Si jamais elle exprime la volonté de revenir à la Monarchie, nulle compétition au trône ne s'élèvera dans ma famille.* »

Tout le monde connaît ces nobles paroles : elles ont retenti au fond de nos cœurs. Mais tout le monde ne sait pas que M. le comte de Paris n'a point, dans la conversation qui a suivi, été invité par Monseigneur à donner son avis sur les difficultés pendantes, sur les moyens de les aplanir. Son frère, ses oncles, dont la visite suivit de près la sienne, tous ces princes majeurs, ayant, les uns et les autres, fait preuve de capacité politique, de patriotisme et de bravoure, connais-

sant la France, l'armée et l'Assemblée, mieux que MONSEI-
GNEUR n'avait pu de si loin apprendre à les connaître, ont dû
imiter la réserve du comte de Paris, n'ayant été, non plus
que lui, consultés sur ces redoutables questions qui, en droit
comme en fait, les intéressaient autant que Monseigneur (1).

On s'imaginait, au fond de nos provinces, que Monseigneur
avait été touché de l'abnégation et de la modestie de ces
princes, si éclairés et si braves, l'unique espoir de sa famille
et de la France. On s'attendait à quelque généreux manifeste qui eût tout simplifié et rendu tout facile. On l'espérait
et nous l'espérions tous.

Les mois s'écoulent, l'Assemblée se proroge, Monseigneur
garde le silence.

(1) Voir l'ouvrage intitulé : *La vérité sur l'ESSAI de Restauration Monarchique.* Un volume in-12, Paris, Dentu, 1873. — Chap. 1er.

# TROISIÈME LETTRE

## § 1

### LA COMMISSION DES NEUF

Les députés, cependant, accouraient en septembre, nombreux et inquiets, des champs et des villes, et se réunissaient tantôt à Versailles, tantôt à Paris, se demandant les uns aux autres : Quelles nouvelles ?

Le 4 octobre, fut élue par eux, dans une réunion privée, une commission de neuf membres, chargée de formuler, à l'ouverture de la session prochaine, une proposition de Restauration qui pût être agréée à la fois, condition indispensable, et par Monseigneur, et par l'Assemblée nationale.

Cette commission, que présidait M. le général Changarnier, voulut, d'abord, connaître officiellement les intentions royales. Elle se mit donc en rapport direct avec Monseigneur, par l'entremise de M. Chesnelong, un de ses membres, et lorsque celui-ci lui eut rendu compte de sa mission, elle arrêta en ces termes la proposition qu'elle devait bientôt soumettre à l'Assemblée :

« L'Assemblée nationale,

» Voulant user du droit constituant qui lui appartient et qu'elle s'est toujours réservé,

» Décrète :

» Art. 1<sup>er</sup>. — La Monarchie nationale, héréditaire et constitutionnelle est le gouvernement de la France.

» En conséquence, Henri-Charles-Marie-Dieudonné, chef de la Maison royale de France, est appelé au trône.

» Les Princes de cette famille lui succéderont de mâle en mâle, par ordre de primogéniture.

» Art. 2. — L'égalité de tous les citoyens devant la loi et leur admissibilité à tous les emplois civils et militaires, les libertés civiles et religieuses, l'égale protection dont jouissent aujourd'hui les différents cultes, le vote annuel de l'impôt par les représentants de la nation, la responsabilité des ministres inséparable de l'inviolabilité royale, la liberté de la presse sous les réserves nécessaires à l'ordre public, et généralement toutes les garanties qui constituent le droit public des Français, sont et demeurent maintenus.

» Le Gouvernement du Roi présentera à l'Assemblée nationale les lois constitutionnelles ayant pour objet d'assurer et de régler l'exercice collectif de la puissance législative par le Roi et les deux Chambres, l'organisation du suffrage universel, et généralement toutes les lois nécessaires à la constitution des pouvoirs publics.

» Art. 3. — Le drapeau tricolore est maintenu ; il ne pourra être modifié que par l'accord du Roi et de la représentation nationale. »

Ce dernier article traduit exactement le résultat des conférences de Saltzbourg. Les deux autres ne font que résumer les principes de la Charte de 1814, et de ceux-ci, Monseigneur en connaissait d'avance, sinon le texte, au moins le sens, auquel il semblait avoir adhéré. L'extrême droite, représentée dans la commission des Neuf, n'aurait point adopté cette rédaction, s'il s'y fût glissé un seul mot de nature à froisser la susceptibilité royale ou seulement à l'étonner. Le concert semblait donc parfait entre Monseigneur et les Neuf. Restait à l'établir dans l'Assemblée.

De là, des négociations nouvelles. Il fallait, d'abord, défalquer de la majorité du 24 mai le groupe bonapartiste. Il fallait ensuite tâcher de rallier à la proposition ceux des membres du centre gauche qui avaient concouru à former cette majorité, alarmés qu'ils étaient alors du caractère radical de certaines élections, mais que n'alarmaient, hélas! guères moins les précédents manifestes de Monseigneur. Confident et, par hasard, presque témoin des efforts que déployaient dans ce sens mes parents et amis, j'ai, un moment, désespéré du succès. Du matin au soir, on raisonnait jusqu'à perdre haleine des hommes honnêtes mais défiants, passionnés, qui, plutôt que d'accepter, même en perspective, le drapeau blanc, se réfugiaient dans le chimérique espoir d'une République conservatrice. Après bien des luttes, tout compté, on acquit enfin la certitude de rallier à la motion des Neuf une majorité de..... dix voix au moins, vingt au plus ; mais il y avait tout lieu de croire que cette majorité, une fois constatée par un premier scrutin, ne tarderait pas à s'élever à un chiffre plus imposant.

Vers la fin d'octobre, sur l'invitation de ceux de leurs collègues qui s'étaient dévoués à ce labeur préparatoire, presque tous les députés étaient réunis à Versailles. Ils s'assemblèrent dans leurs cénacles, y reçurent communication du projet et y entendirent de la bouche de M. Chesnelong, le récit de ses conférences avec MONSEIGNEUR. Personne ne mit en doute la fidélité de cette relation. Personne, dans les conciliabules de l'extrême droite, ne s'éleva contre l'article 3, relatif au drapeau, ni contre les articles 1 et 2, conformes au programme du 17 février, que la plupart des auditeurs avaient signé. Satisfaction complète rue Colbert. Satisfaction égale au centre droit, ainsi que dans la réunion nouvelle que M. Chesnelong avait représentée parmi les Neuf.

Au contraire, grande colère dans les camps ennemis, sourde

émotion dans l'armée. Révocation du général de Bellemare. Protestations bonapartistes. Signes menaçants en province. Complot en Bourgogne. Il n'était que prudent de se hâter. La Commission de permanence allait donc convoquer extraordinairement l'Assemblée, lorsqu'éclata sur le pays la fatale lettre du 27 octobre. Un bruit précurseur l'avait annoncée ; mes amis n'y croyaient point ; M. Chesnelong, pas davantage. La lettre, cependant, lui était adressée, mais *l'Union* la connut avant lui et, par ordre de Monseigneur, la publia.

§ 2

LE VERRE D'EAU

Monseigneur se serait, dit-on, ému à la lecture d'un procès-verbal du centre droit.

Ce procès-verbal, fait à la hâte, inconnu du bureau de la réunion et non adopté par elle, n'était, en réalité, qu'un compte-rendu, pour ainsi dire, tout privé et n'engageant la responsabilité de personne, sinon de ses auteurs ; une rapide analyse de la séance où l'on avait entendu M. Chesnelong.

La pièce, je ne l'ignore pas, renferme une erreur, mais une erreur involontaire, commise de bonne foi. Les jeunes députés à qui elle est échappée, se seraient empressés de la réparer à la seule prière de l'orateur dont les paroles avaient été mal rendues.

M. Chesnelong avait dit : « M. le comte de Chambord respecte le sentiment de l'armée pour un drapeau teint du sang de nos soldats. » Les rédacteurs du compte-rendu lui faisaient dire : « le Prince saluera avec bonheur un drapeau teint du sang de nos soldats. »

On dispute depuis dix-huit cents ans sur le sens précis de

certaines paroles de l'Evangile. Au lendemain de la mort de
Jésus, ses Apôtres disputaient déjà entre eux sur le point de
savoir si le divin Maître avait ordonné, oui ou non, de cir-
concire les Gentils. Plusieurs l'affirmaient, et de ceux qui
avaient eu le bonheur d'entendre le Sauveur lui-même. Paul,
qui n'était pas de ceux-là, soutenait l'opinion contraire, et
sans condamner les pratiques de l'ancienne loi, le premier
Concile, Pierre en tête, approuva l'opinion de Paul.

Il n'est pas surprenant que les jeunes secrétaires du centre
droit, tout joyeux d'avoir entendu les conciliantes paroles de
Monseigneur, citées par le témoin qui les avait recueillies de
ses lèvres, les aient interprétées plutôt que fidèlement trans-
crites. Ils étaient, comme Paul, de récents convertis, et,
comme Paul, ils prêchaient aux Gentils déjà gagnés en foule
par la *bonne nouvelle.*

Et, après tout, qu'importait cette erreur! qu'importaient les
commentaires de tel ou tel journal! Cela changeait-il un iota
à la substance de la proposition des Neuf? Cela pouvait-il diminuer d'une seule voix la faible majorité conquise, après
tant de secrets combats, à cette proposition? Est-ce que l'u-
nion des diverses fractions du parti monarchique en était
moins intime? Fallait-il, à la dernière heure, s'arrêter à ces
*on-dit* sans carctère officiel et à ces rumeurs de la presse?
Etait-ce à Monseigneur de venir rompre, sous un si frivole
prétexte, le faisceau enfin renoué des forces royalistes?

§ 3

LA LETTRE DU 27 OCTOBRE

Un prétexte, ai-je dit, et la lettre de Monseigneur le prouve
surabondamment.

En effet, ce ne sont pas seulement les vaines allégations des journaux qui y sont contestées : tout le travail des plus sages esprits depuis 1848, surtout depuis les dernières années, tout ce travail de concorde et de prévoyance, si bien résumé par les Neuf, y est remis en question.

« Vous m'avez entretenu, durant de longues heures, dit
» Monseigneur à M. Chesnelong, des destinées de notre chère
» et bien-aimée patrie, et je sais qu'au retour vous avez pro-
» noncé, au milieu de vos collègues, des paroles qui vous
» vaudront mon éternelle reconnaissance. Je vous remercie
» d'avoir si bien *compris* les angoisses de mon âme et de n'a-
» voir *rien caché de l'inébranlable fermeté de mes résolutions*.

» Aussi ne me suis-je point ému, quand l'opinion publique,
» emportée par un courant que je déplore, a prétendu que je
» consentais à devenir le *Roi légitime de la Révolution* (1).

» J'avais pour garant le témoignage d'un homme de cœur,
» et j'étais résolu à garder le silence (2)..... Mais puisque,
» malgré vos efforts, les malentendus s'accumulent, —je dois
» toute la vérité à ce pays..... On me demande *le sacrifice de*
» *mon honneur* (3).

» Que puis-je répondre, sinon que je ne rétracte rien de
» mes précédentes déclarations. *Les prétentions de la veille*
» *me donnent la mesure des exigences du lendemain,* et je ne
» puis consentir à inaugurer un règne réparateur et fort par
» un acte de faiblesse.

(1) Je n'ai lu, pour mon compte, cela nulle part. Mais si par hasard, quelqu'un a fait cette supposition, nous aurons à examiner plus tard ce qu'elle avait d'injurieux pour Monseigneur.

(2) Plut à Dieu que cette résolution, pleine de sagesse, eût été aussi inébranlable que certaines autres résolutions de Monseigneur !

(3) Qui a eu l'insolence de demander à Monseigneur, non pas un sacrifice, mais l'ombre seulement d'un sacrifice de ce genre? Ce n'est pas évidemment l'homme de cœur à qui cette lettre est adressée. On ne lui eût pas offert et il n'eût pas accepté une telle mission. Il a, d'ailleurs, puisque Monseigneur l'en remercie, parfaitement compris les résolutions de Monseigneur et, de plus, n'en a rien caché à ses collègues, ce qui ne l'a pas empêché de s'associer à la proposition des Neuf, dont le dernier article aurait été, dit-on, écrit sous sa dictée, conformément aux notes qu'il rapportait de Saltzbourg. Quel est donc cet on mystérieux qui a oublié le respect dû à Monseigneur? Patience ! La question s'éclaircira peut-être tout à l'heure.

» Il est de mode, vous le savez, d'opposer à la fermeté
» d'Henri V, l'habileté d'Henri IV. *La violente* amour que je
» porte à mes sujets, disait-il souvent, me rend tout possible
» et honorable.

» Je prétends, sur ce point, ne lui céder en rien ; mais je
» voudrais bien savoir quelle leçon se fût attiré l'imprudent
» *assez osé* pour lui persuader de *renier* l'étendard d'Arques
» et d'Yvry (1)?

» Vous appartenez, monsieur, à la province qui l'a vu
» naître, et vous serez, comme moi, d'avis qu'il eût promp-
» tement désarmé son interlocuteur en lui disant, avec sa
» verve béarnaise : « Mon ami, prenez mon drapeau blanc ; il
» vous conduira toujours sur le chemin de l'honneur et de la
» victoire (2).

. . . . . . . . . . . . . . . . . . . . . . . . . . . . . . .

» *On parle de conditions ;* m'en a-t-il posé, ce jeune
» prince, dont j'ai ressenti avec tant de bonheur la loyale
» étreinte, et qui, n'écoutant que son patriotisme, venait spon-
» tanément à moi, m'apportant, au nom de tous les siens,
» des assurances de paix, de dévouement et de réconcilia-
» tion (3)?

» *On veut des garanties ;* en a-t-on demandé à ce Bayard
» des temps modernes, dans cette nuit mémorable du 24 mai,
» où l'on imposait à sa modestie la glorieuse mission de
» calmer son pays par une de ces paroles d'honnête homme

(1) Nous examinerons à fond, dans une des lettres suivantes, la question du drapeau. Je me borne, quant à présent, à faire observer respectueusement à Monseigneur que le Roi de France qui a, le premier, arboré
le drapeau blanc, n'avait point, pour cela, RENIÉ l'oriflamme, c'est-à-dire
le drapeau de ses pères. En suppliant Monseigneur d'adopter les trois
couleurs, on a cru lui conseiller un acte de bonne et sage politique. Nul
n'a jamais désiré qu'il RENIAT les gloires du drapeau blanc dont tout
Français est fier autant que Monseigneur.

(2) Il sera répondu à toutes ces observations de Monseigneur dans la
*Lettre sur le drapeau blanc.*

(3) Ce jeune prince eût pu donner, si on les lui eût demandés, d'utiles
conseils. Quant à des conditions, il a eu la générosité de n'en mettre
aucune, *en son nom et au nom de sa famille,* à l'acte de patriotisme qu'il
accomplit à Frohsdorf. Peut-être eût-il eu le droit d'agir autrement ;
mais, à coup sûr, il n'avait pas celui de rien stipuler *au nom* de l'Assemblée nationale.

» et de soldat qui rassurent les bons et font trembler les mé-
» chants (1)?

» Je n'ai pas, c'est vrai, porté, comme lui, l'épée de la France
» sur vingt champs de bataille ; mais j'ai conservé intact, pen-
» dant quarante-trois ans, le dépôt sacré de nos traditions et
» de nos libertés. J'ai donc le droit de compter sur la même
» confiance et je dois inspirer la même sécurité (2).

» Ma personne n'est rien, mon principe est tout (3). La
» France verra la fin de ses épreuves, quand elle voudra le
» comprendre. *Je suis le pilote nécessaire, le seul capable de
» conduire le navire au port, parce que j'ai* MISSION ET AUTORITÉ
» POUR CELA (4). . . . . . . . . »

(1) Le *Bayard des temps modernes* a été, le 24 mai, nommé président de la République au lieu et place de M. Thiers, révocable comme lui, *responsable* comme lui, et obligé, comme lui, d'avoir des ministres responsables. Voilà les *conditions* qu'on lui a faites et les *garanties* qu'il a données. — Ici la pensée de Monseigneur commence à se faire jour.

(2) Exactement la même. On a, par le décret du 24 mai, fait des *conditions* et demandé des *garanties* au Maréchal, ainsi que je l'ai dit dans la note précédente, parce que *conditions* et *garanties* sont le fond et l'essence de tout pouvoir humain, héréditaire ou électif, qui s'exerce dans l'ordre politique. On les offrait à Monseigneur, telles qu'elles existent dans toute monarchie constitutionnelle, puisqu'on proclamait l'inviolabilité royale, et qu'on ne stipulait d'autre responsabilité que celle des Ministres. Certes *la parole* du Maréchal eût pu suffire à la France ; celle de Monseigneur aussi. Nul doute que les libertés nationales seraient bien garanties, si Monseigneur daignait en être le garant. Mais, disait un jour Berryer à la tribune, « faire reposer la destinée d'un peuple sur » la tête d'un homme, c'est-à-dire sur le caractère et l'intelligence d'un » seul homme, C'EST LE PLUS GRAND DE TOUS LES CRIMES ! » Monseigneur reprocherait-il aux Neuf de n'avoir pas proposé à l'Assemblée de commettre ce crime-là ?

(3) Le principe de Monseigneur est sans doute beaucoup ; il n'est pas TOUT. Monseigneur voulait tout à l'heure que l'on comptât sa personne, son caractère, pour quelque chose, pour une garantie. Monseigneur sentait bien, en ce moment là, que son principe n'est pas TOUT. Eh bien ! combiné avec le loyal caractère et les autres belles qualités qu'on se plaît à reconnaître à Monseigneur, ce principe n'est pas TOUT encore. Je le ferai voir à Monseigneur dans la note suivante.

(4) Monseigneur ne tient de ses ayeux que ce qu'ils possédaient eux-mêmes, et tout ce qu'il peut dire de la vertu de son *principe*, Louis XV, le bisayeul de Monseigneur, eût pu le dire lui-même. Charles VI, Charles IX, Henri III, chacun des prédécesseurs de Monseigneur a pu, si l'axiôme n'est pas faux, dire aussi : « MON PRINCIPE EST TOUT... Je suis le pilote nécessaire, LE SEUL CAPABLE DE CONDUIRE

Après la lecture de cette lettre, plus de doute possible ; plus de malentendus. Cet ON malavisé, qui ose demander à Monseigneur non pas le sacrifice de son honneur, mais des « concessions » et des « garanties », tout le monde l'a reconnu : c'est elle ! C'est cette commission présidée par le général Changarnier, et dans laquelle siégeaient, auprès de l'illustre capitaine, M. le baron de Larcy et M. Baragnon, délégués de la droite, M. de Tarteron et M. Combier, délégués de l'extrême-droite, M. Chesnelong, *cet homme de cœur,* et M. le comte Daru, qui encore ? deux délégués seulement du centre droit, M. le duc d'Audiffret-Pasquier, son honorable président, et M. Callet, un de ses vice-présidents. Voilà les coupables ! Ce sont les Neuf ! Monseigneur répudie leur proposition.

Ah ! quelle fête dans Babylone ! Mais, à côté, quelle stupeur ! Quelles lamentations ! Quelle douleur patriotique ! Il faut tout dire : Quelles colères ! Et contre qui ?... Contre les Neuf ? Si, par hasard, quelqu'un a dit cela à Monseigneur, j'engage Monseigneur à se défier d'un pareil courtisan.

LE NAVIRE AU PORT, etc. » En supposant qu'ils aient eu cette *prétention,* Monseigneur sait si elle était mal fondée et combien ils se trompaient ! Ces *pilotes nécessaires* ont presque perdu le navire. Un de nos meilleurs rois, qui, au quinzième siècle, avait deviné et presque réalisé les lois et avantages du régime constitutionnel, celui que, pour ce fait, la reconnaissance publique a nommé LE PÈRE DU PEUPLE, Louis XII disait du duc d'Angoulême, son légitime héritier : « ce gros garçon gâtera tout ». Pourquoi disait-il cela ? C'est que ce sage Roi ne croyait pas que son principe fût TOUT. François I<sup>er</sup>, du reste, malgré ses brillantes qualités, ne justifia que trop la prédiction de Louis XII.

# QUATRIÈME LETTRE

## § 1

### LE SEPTENNAT

Ainsi abandonnés par Monseigneur dans la campagne qu'ils avaient entreprise pour Lui, pour sa maison, mais d'abord et surtout pour la France, que pouvaient faire nos amis? L'opposition anti-monarchique ne se contentait pas de les railler; elle les dénonçait aux passions, les accusait de complot et, ce n'est pas assez, enveloppait le gouvernement dans cette accusation. On approchait d'une crise terrible et, qui sait? peut-être d'une révolution. Que faire? On s'entendit. Il s'agissait, au préalable, de fortifier, par une preuve de confiance, le gouvernement du Maréchal. On proposa, dès le 5 novembre, jour de la rentrée du Parlement, de proroger pour dix ans les pouvoirs que le Président de la République tenait de la loi du 24 mai.

C'est assez de sept ans, dit le Maréchal, pourvu qu'on me donne avec cela l'outillage gouvernemental. Ce n'est pas à moi de le créer.

La prorogation pour sept ans fut, à ces conditions, votée le 20 novembre.

Je dis et je répète : à ces conditions, car elles sont écrites dans le décret institutif du Septennat. L'Assemblée, en effet, s'engage, par ce décret, à organiser les pouvoirs publics, en vue de rendre plus facile au gouvernement qu'elle établit sa fonction tutélaire.

Si Monseigneur lit le *Journal officiel,* il n'ignore pas que ce décret, combattu par les gauches, fut adopté par la même majorité qui, quinze jours plus tôt eût, avec plus de confiance, acclamé la motion des Neuf. Il n'ignore pas que l'extrême-droite l'a souscrit, tant elle était alors convaincue de l'impossibilité morale et matérielle, de l'impossibilité absolue de songer, après l'éclat du 27 octobre, au rétablissement prochain de la Monarchie.

L'Assemblée, cependant, s'était proposé une tâche ingrate, car si l'on sait très bien comment la Monarchie et assez mal comment la République doivent être organisées pour vivre, on ne sait pas du tout comment faire vivre, prospère et vigoureux, au sein d'une société inquiète, un gouvernement sans avenir.

Je comprends les angoisses de la commission des Trente et la lenteur de ses travaux en face d'un tel problème ; je n'ai pas à les raconter.

Lorsque, au bout de six mois, — le 19 mai 1874, — le gouvernement proposa enfin de mettre à l'ordre du jour ces lois indispensables, la majorité du 20 novembre qui les avait promises s'évanouit.

Obéissant à des inspirations dont Monseigneur, mieux que personne, connaît la source, l'extrême-droite, j'ai regret à le dire, se sépara pour la première fois des autres groupes royalistes. On la vit se lever, avec toutes les gauches, contre la demande du vice-président du Conseil.

Devant cette majorité imprévue, le cabinet se retira.

Comment expliquer ce mouvement de l'extrême-droite ? Quelle était cette nouvelle politique ? Le pays n'y comprenait rien. Où le Maréchal irait-il prendre des ministres ? Dans quelles régions de l'Assemblée ? Une telle coalition, capable de tout empêcher, était, par sa nature, incapable de rien produire. Entre les radicaux et les chevau-légers, pas une idée commune! Que voulait-on? Pousser, malgré lui, le Maréchal vers la gauche? le contraindre lui-même à la retraite? Dans quel but?

On n'avait pas encore déchiffré cette énigme, lorsque Monseigneur prit la parole.

## § 2

### LA ROYAUTÉ CÉSARIENNE

J'aimerais à citer tout au long ce nouveau manifeste de Monseigneur, en date du 2 juillet 1874. Il explique peut-être la conduite de l'extrême-droite; c'était, en ce cas, une lumière sur la situation, mais quelle lumière! Elle éclairait l'abîme, non le chemin pour en sortir.

« Français, disait Monseigneur, *vous avez demandé le salut de notre Patrie à des solutions temporaires, et vous semblez à la veille de vous jeter dans de nouveaux hasards...* LA FRANCE A BESOIN DE LA ROYAUTÉ. *Ma naissance m'a fait votre Roi.* »

On ne contestait rien de tout cela. Mais après comme avant le 20 novembre, on n'avait pu s'entendre avec Monseigneur sur « la royauté dont la France a besoin. »

Jusqu'au 27 octobre, on avait été, dans l'Assemblée, d'accord sur ce point capital.

« La Monarchie constitutionnelle est celle que nous voulons », disait le programme des droites du mois de février 1872; et ce programme, on s'en souvient, les chevau-légers l'avaient signé du consentement même de Monseigneur.

Mais, Monseigneur, par sa lettre du 27 octobre 1873, avait témoigné qu'il ne voulait pas être un Roi constitutionnel;

c'est-à-dire, soumis à des *conditions* dans l'exercice de son pouvoir royal, obligé, par conséquent, de reconnaître aux droits et libertés de la nation certaines *garanties*.

C'est alors qu'on avait « demandé le salut de la Patrie à des solutions temporaires » ; c'est pour cela qu'on était à la veille de se « jeter dans de nouveaux hasards ».

Monseigneur aurait voulu faire reconnaître, en sa personne, la Royauté pure, idéale, abstraite, indépendante des circonstances, donnant des lois et n'en recevant point ; en d'autres termes le droit de César : la royauté césarienne.

Cette prétention, voilée dans les précédents manifestes, ressort avec évidence de la proclamation du 2 juillet.

Il serait superflu d'en discuter les détails quelquefois nuageux (1) ; je vais droit aux points vifs :

« Le jour où, vous et moi, nous pourrons, face à face,
» traiter ensemble des intérêts de la France, vous apprendrez
» comment l'union du peuple et du Roi a permis à la Monar-
» chie française de déjouer, pendant des siècles, les calculs
» de ceux qui ne luttent contre le Roi que pour dominer le
» Peuple. »

Louis-Napoléon Bonaparte formait le même vœu et c'est justement pour se trouver « face à face » avec le peuple qu'il prit le bon moyen : il mit ses représentants à la porte. Puis dans l'intimité du tête-à-tête, il lui donna des leçons d'histoire. Il l'avait étudiée à la même école que Monseigneur.

---

(1) Exemple : « La Monarchie chrétienne et française, dit Monseigneur, est dans son essence même une monarchie tempérée ». On pourrait répondre : par qui ? par quoi ? — Monseigneur continue : « Cette Monarchie tempérée *comporte* l'existence de deux Chambres, dont l'une est nommée par le Souverain, dans des catégories déterminées, et l'autre par la nation, selon le mode de suffrage réglé par la loi. — Où trouver ici la place de l'arbitraire ? » Réponse : la Monarchie césarienne, qui est l'arbitraire même, *comporte*, elle aussi, l'existence de deux Chambres. Au temps du Tribunat, le premier Empire en avait trois. Le second n'en avait que deux, bien que le Conseil d'Etat, composé de fonctionnaires révocables, fût, en réalité, une troisième Chambre, et la plus influente. Est-ce que tout cela faisait obstacle à l'arbitraire ? La vraie question n'est donc pas là. Elle est de savoir qui déterminera l'origine et les attributions des Chambres. Le manifeste n'en dit mot. Est-ce que Monseigneur entend se réserver le pouvoir constituant ?

« Dans notre pays, *monarchique depuis huit cents ans,* lui disait-il, le pouvoir central a toujours été en s'augmentant. *La Royauté a détruit les grands vassaux ;* les révolutions elles-mêmes ont fait disparaître les obstacles qui s'opposaient à l'exercice rapide et uniforme de l'autorité (1). »

Ainsi parlait César, et les césariens d'applaudir, à commencer par M. Veuillot, l'ardent apologiste du manifeste du 2 juillet.

» .... Je veux, poursuivait Monseigneur dans ce manifeste, un pouvoir réparateur et fort ; « la France ne le veut
» pas moins que moi... mais je ne veux pas de ces luttes
» stériles de parlement, d'où le souverain sort trop souvent
» impuissant et affaibli (2) ; et si *je repousse* cette formule
» d'importation étrangère, que répudient toutes nos tradi-
» tions nationales, avec son *roi qui règne* et *ne gouverne pas,*
» là encore je me sens en communauté parfaite avec les
» désirs de l'immense majorité (3), qui ne comprend rien à
» ces *fictions,* qui est fatiguée de ces *mensonges.* »

La « formule » que repousse Monseigneur ne vient pas de l'étranger ; elle n'est écrite dans aucune loi connue ; elle a pour auteur M. Thiers. Prise au pied de la lettre, elle est fausse. Lorsque le 29 octobre 1840, le roi Louis-Philippe, rien qu'en changeant son ministère, nous préserva d'une guerre imminente, il fit bien voir à tous, à commencer par M. Thiers, que l'article de la Charte, qui confère le gouvernement au Roi, est d'une incontestable vérité. Prise, au contraire, dans son esprit, la « formule » signifie simplement qu'un Roi constitutionnel ne fait pas ce qu'il veut, ne fait

(1) Préambule de la Constitution de 1852.

(2) Je ne crois pas, mais on dirait que l'extrême-droite en détruisant la majorité par son alliance avec la gauche, avait provoqué la crise ministérielle du 19 mai, si inquiétante pour le pouvoir et pour le pays, uniquement afin de fournir à Monseigneur l'occasion de critiquer le régime parlementaire. Mais ce régime, préférable en tout cas au césarisme, n'est dangereux qu'avec une Chambre unique et sous un chef qui ne peut la dissoudre.

(3) Monseigneur fait sans doute allusion à la majorité plébiscitaire de 1851 et 1852. Mais il oublie que cette majorité plébiscitaire avait, le 10 mai 1870, complétement changé d'avis.

rien que sous la responsabilité de ses ministres (1), ne gouverne point en César, à la Louis XIV.

Répudier cette « formule » telle que tout le monde la comprend, c'est donc répudier, avec Louis Bonaparte, la responsabilité ministérielle.

Seulement Louis Bonaparte, prévoyant bien les objections de la conscience et du bon sens contre un pareil système, ne revendiquait point l'inviolabilité du Prince. Il substituait, au contraire, sa propre responsabilité « devant le peuple » à celle des ministres « devant les Chambres ».

— « Ecrire en tête d'une Charte, disait-il, que le chef de » l'État est irresponsable, c'est MENTIR au sentiment public, » c'est vouloir établir une *fiction* (2). »

L'aventureux César aimait donc encore moins que Monseigneur les FICTIONS et les MENSONGES.

Mais il y a toujours dans les institutions humaines, même les plus sages, quelque fiction nécessaire, sacramentelle, en quelque sorte, qui est la condition de leur durée et du respect qui les entoure.

La Cour de cassation, par exemple, si pleine qu'elle soit d'expérience et de savoir, peut se tromper et quelquefois se trompe. Mais justiciables et tribunaux s'inclinent devant ses arrêts, qui sont sans appel, comme si elle était infaillible. Pure fiction, mais sans laquelle aucun procès ne finissant, la ruse aurait bientôt raison de la bonne foi et la force de la faiblesse.

Les fictions politiques ne sont pas moins respectables;

______

(1) Un Roi constitutionel ne doit point, par conséquent, en appeler, à l'exemple de Charles X, au dévouement de ses ministres, pour leur forcer la main, et les entraîner à des actes, qui, à bon droit, les épouvantent.

(2) Napoléon III, s'est chargé de prouver, en fait, par son règne, que la responsabilité personnelle d'un chef d'Etat est aussi une fiction et la plus fatale de toutes. C'est pendant qu'il n'avait point de ministres responsables devant les Chambres, de 1852 à 1870, qu'il a bouleversé, à notre détriment, la carte politique de l'Europe, rouvert les clubs, autorisé *l'Internationale*, fermé la société de Saint-Vincent-de-Paul, désorganisé l'armée, gaspillé les finances, accumulé sans obstacle toutes les fautes qui devaient perdre le pays, et qu'il n'était plus temps de réparer, lorsqu'il a feint de se rendre aux vœux de la nation, en réformant la Constitution de 1852. On était au bord du précipice, et l'on y est tombé.

mais elles sont, en fait, plus ou moins raisonnables les unes que les autres.

Là où l'action ministérielle est, comme chez nos pères, indépendante des votes d'un Parlement quelconque, dire que c'est le Roi qui gouverne, voilà une fiction! Heureuse fiction, j'en conviens, quand par hasard, le premier ministre s'appelle Richelieu. La Monarchie recueillit alors tout l'honneur d'une administration contre laquelle, cependant, le Roi en personne conspirait secrètement avec ses favoris. Détestable fiction, mensonge déshonorant pour la Monarchie, quand, sous le nom du Roi, ce sont, en réalité, d'ineptes favoris qui gouvernent, ou, comme sous Louis XV, le bisaïeul de Monseigneur, d'indignes favorites (1).

Il n'y a qu'un remède à ce fléau : la responsabilité des ministres, c'est-à-dire la participation des Chambres au gouvernement du Roi.

Est-ce là une fiction? Eh bien ! soit!

Fiction pour fiction, la France n'en veut plus d'autre, elle n'en supporterait pas d'autre. En vain Monseigneur la condamne, elle nous semble, à nous, plus raisonnable, plus morale, plus rassurante pour la Monarchie elle-même, que celle que préconise le manifeste du 2 juillet, où l'on entend comme un écho du préambule constitutionnel de nos désastres (2).

---

(1) La jeune duchesse de Bourgogne, mère de Louis XV, une des grand'mères de Monseigneur, jugeait d'une façon piquante, trop souvent vraie, l'ancienne fiction monarchique. Un jour qu'on parlait, dans la chambre du Roi, de la reine Anne d'Angleterre, elle dit, devant Louis XIV et Mᵐᵉ de Maintenon, qu'elle préférait au nôtre le gouvernement anglais. On lui en demanda la raison. « C'est, dit-elle, parce que dans les pays où règne une femme, ce sont les hommes qui gouvernent; au lieu que dans les pays où c'est un Roi qui règne, alors ce sont les femmes qui gouvernent. »

(2) Ce n'est pas, comme le prétendent les césariens blancs ou tricolores, ce n'est nullement le « parlementarisme » qui a perdu la Restauration; ce qui l'a perdue, disait Berryer, ce sont « LES COUPABLES ET FATALES ORDONNANCES ! »

De même, ce qui a perdu la Monarchie de juillet, ce n'est pas le « parlementarisme », c'est la garde nationale, institution si heureusement abolie par l'Assemblée actuelle. — Ces *luttes de Parlement* n'ont pas été *stériles*, comme l'assure Monseigneur. Elles honoraient, servaient, forti-

Mais quoi ! c'est le bon plaisir de Monseigneur ! Il ne veut pas entendre parler de la fiction constitutionnelle. Il est pour l'autre, pour le gouvernement personnel, pour la Monarchie pure, sans condition, sans garanties, pour la royauté césarienne qui fait les Louis XV et les Napoléon III. Et Monseigneur est, dans ses préférences, tellement de bonne foi, qu'il termine ainsi son manifeste :

« Que chacun, dans sa conscience, pèse les responsabilités du présent et songe aux sévérités de l'histoire !! »

C'est aussi la recommandation, ou plutôt la prière que je me permets d'adresser, dans ces lettres, à Monseigneur lui-même.

Et maintenant, je demande aux chevau-légers si c'est bien là leur politique à eux, et si c'est pour la faire triompher qu'ils ont rompu, le 19 mai 1875, avec les royalistes constitutionnels ?

Auraient-ils, à ce point, oublié leurs engagements de 1872 ?

On le dirait. Je n'en crois rien.

## § 3

### LES LOIS CONSTITUTIONNELLES

L'extrême droite, en effet, eût voté des deux mains, avec enthousiasme, la proposition des Neuf, si Monseigneur l'eût

fiaient la Mononarchie constitutionnelle. Si, pour d'autres causes, cette Monarchie est tombée deux fois, elle a, du moins, emporté les regrets et les sympathies de cette nation, dont elle n'avait jamais compromis ni la fortune, ni la gloire.

agréée. Il n'y a pas, dans ses rangs, cinq ou six membres qui aient approuvé la lettre du 27 octobre. Mais il y en a environ cinquante qui, l'ayant très hautement blâmée, n'ont pas voulu, nonobstant leur promesse, se prêter à une organisation tant soit peu sérieuse du septennat. Aux raisons de bon sens qu'on leur donnait, ils répondaient par des raisons de sentiment que l'on respecte, mais avec lesquelles toute discussion est impossible. Ils attendaient un miracle, ou la conversion de l'Assemblée aux idées de Monseigneur, ou la conversion de Monseigneur aux idées de l'Assemblée. En attendant, ils empêchaient tout, s'imaginant qu'on sert la Monarchie, en ne contrariant jamais les volontés du Roi, même lorsqu'on est sûr qu'il se trompe. Ils ressemblent à ces preux Bohémiens dont parle Froissard, qui, à Crécy, ne pouvant empêcher leur chef, Jean de Luxembourg, roi de Bohême, qui était aveugle, de batailler en personne, s'attachèrent à lui avec des cordes et, les yeux ouverts, le suivirent dans la mêlée où ils devaient périr, hélas! sans le sauver. Grande folie, héroïque du moins, et c'est par là uniquement que la comparaison pèche : de l'héroïsme et du meilleur, nos amis, les chevau-légers, en avaient montré pendant la guerre, mais depuis quelque temps, égarés par leur guide dans une route sans issue, ils mettaient leur courage à s'allier (1) avec la gauche, pour faire échouer les projets constitutionnels, n'en proposant, d'ailleurs, aucun de plus acceptable. On les repoussait d'un côté, parce qu'on les jugeait trop monarchiques ; de l'autre, sous prétexte qu'ils étaient trop républicains.

Après le ministère du duc de Broglie, on avait vu tomber, sous les coups de la coalition, un autre ministère.

La droite Colbert, mieux inspirée, tout en refusant au Septennat le caractère d'une institution définitive, aurait voulu, cependant, lui donner les organes jugés nécessaires à tout gouvernement bienfaisant, dans un pays fatigué de révolutions et rassasié de dictatures, même de celle des plus sages As-

(1) — « Je revendique hautement ma part de responsabilité dans les » conseils que je donne à mes amis. » (Lettre du comte de Chambord à M. de La Rochette, du 15 octobre 1872.)

semblées. Elle eût voulu, au moins, dédoubler la puissance parlementaire. Les chevau-légers disaient: Non! C'est la Monarchie qu'il nous faut. — Laquelle? — Telle que Monseigneur la voudra.

Ce jeu durait depuis environ quinze mois, et il avait fallu, dans l'intervalle, créer, pour la troisième fois, un nouveau ministère qui, lui-même, à son tour, était déjà démissionnaire. On s'effrayait de toutes parts, non-seulement de l'avenir, mais encore du présent. Ces divisions de l'Assemblée, l'impossibilité de trouver dans son sein une majorité stable, par suite un ministère un peu vivace, le désarroi de l'administration, l'audace croissante de certains partis, tout présageait une dissolution prochaine.

De sorte que cette Assemblée qui avait fait la paix, vaincu la Commune, délivré le territoire, trouvé en France et en Europe assez de crédit pour payer les gigantesques fautes de l'Empire et la fabuleuse indemnité de cinq milliards ; cette Assemblée qui, avant de se séparer, devait au pays, faute de mieux, un gouvernement libre, et assez fort pour protéger la trève de sept ans instituée le 20 novembre; cette grande Assemblée allait partir divisée, honteuse de son impuissance, laissant le généreux soldat qu'elle avait, malgré lui, porté au pouvoir, le laissant seul aux prises avec la sinistre Convention qui déjà frappait à la porte.

Quelques députés du centre droit n'ont pas cru que cela fût digne ; ils n'ont pas cru que cela fût conforme à leurs devoirs envers la France. Alors ils ont négocié avec le centre gauche l'organisation républicaine que j'ai décrite, exigeant de la gauche toutes les garanties d'ordre que la République peut donner ; exigeant, de plus, et obtenant qu'une porte fût toujours ouverte pour qu'on pût, au besoin, se réfugier de la République dans l'asile sûr et connu de la Monarchie constitutionnelle.

On assure qu'au moment même où se nouaient ces négociations, certains membres de l'Assemblée regardaient comme possible encore et peut-être voisin le rétablissement de la Royauté. Ils n'attendaient point ce prodige de leurs propres efforts ; mais ils croyaient que d'un mot, d'un seul mot, Monseigneur eût pu l'opérer. Il eût suffi que Monseigneur, ému de nos périls, se mît, sans condition, à la disposition des mandataires du pays. Aussitôt renaissait la majorité monarchique. De fidèles légitimistes, autorisés par l'âge et les services, avaient, dit-on, adressé à Monseigneur ce dernier et pressant appel, cette suprême prière.

Monseigneur n'a pas répondu.

Et maintenant la République est faite.

A qui la faute ?

# CINQUIÈME LETTRE

## LES PRÉTEXTES

Monseigneur, pour justifier les graves résolutions qu'il avait prises d'avance dans son cœur, et qu'il avait sans doute longtemps mûries, a mis en avant deux raisons. La première se rapporte à la Révolution considérée en elle-même ; la seconde aux emblèmes nationaux.

Quoiqu'elles se touchent de très près, et parfois se confondent, il faut examiner ces raisons chacune à part. Je crains qu'elles ne soient, au fond, que des prétextes, c'est-à-dire des raisons illusoires, de celles dont peut se leurrer soi-même, et presque à son insu, toute âme humaine.

Il est vrai qu'on n'est pas généralement convaincu, autant que je le suis, que Monseigneur se soit fait illusion, et que les raisons fragiles qu'il opposait à l'accomplissement pur et simple d'un grand devoir, il les ait sincèrement crues très solides, propres à impressionner les consciences de la même manière qu'elles avaient, je crois, impressionné et séduit la sienne.

S'il en est ainsi, et le respect me défend d'en douter, ce sera rendre à Monseigneur un véritable service que de lui faire voir combien il s'est trompé.

§ 1

LA RÉVOLUTION

« Personne, écrivait Monseigneur le 25 janvier 1871, n'ob-
» tiendra de moi que je consente à devenir le Roi légitime de
» la Révolution. »

Que signifiait cette déclaration? Monseigneur s'en est-il bien rendu compte?

En politique, de même qu'en physique, le mot de révolution a deux sens.

Dans les sciences physiques, par exemple, lorsqu'on dit : « la révolution des astres », on entend l'ordre constant qui préside à leur marche; on sait et l'on veut dire que cette marche est réglée par des lois. Mais, au contraire, lorsqu'on dit : « les révolutions du globe », on a en vue ces terribles phénomènes qui en ont, à diverses reprises, bouleversé la face, et qui semblent à notre ignorance faire exception à l'ordre universel, bien qu'ils soient peut-être soumis à des lois qui nous sont inconnues.

Transporté dans la langue politique, ce mot y garde son double sens : il caractérise tantôt un grand désordre, une insurrection, un coup d'Etat, les lois renversées, la paix publique anéantie, la société troublée jusqu'en ses fondements; tantôt, au contraire, il exprime l'ordre nouveau qui s'est lentement établi à la suite de ces redoutables commotions; les lois qui le protègent, les mœurs et coutumes qui en font souhaiter et en assurent la durée.

A prendre dans sa première acception ce terme équivoque, Monseigneur a eu parfaitement raison de dire qu'il ne consentirait jamais à devenir « le Roi légitime de la Révolution »; mais Monseigneur eût pu s'en dispenser. Personne au monde, et à aucun moment, n'a eu l'idée de lui faire une proposition pareille. Les *Rois légitimes* de ces révolutions-là s'appellent Robespierre, Delescluze, etc., etc.

Pris dans sa seconde acception, et comme signifiant l'ordre social de création nouvelle, l'ensemble des principes, lois et institutions qui le régissent, des intérêts liés à sa conservation; pris, dis-je, dans ce sens qui est également clair, admis, académique, juridique, de bon et continuel usage, le même mot, au lieu d'être effrayant, n'a rien que de rassurant.

Or, de la Révolution ainsi comprise, Monseigneur aurait-il consenti, oui ou non, à en être le Roi légitime?

Oui sans hésitation ni scrupules, puisque d'avance, Monseigneur a cherché à nous le faire entendre (1).

« Je suis, disait Monseigneur en 1871, et je veux être de » mon temps », c'est-à-dire, apparemment, de la société vivante, qui est organisée et qui vit sur ce principe fondamental : l'égalité des enfants dans la famille et celle des citoyens dans l'Etat. Monseigneur n'est pas et ne veut pas être du temps passé. Il n'appartient, ni par ses souvenirs, ni par ses préférences, à cette société antérieure, qui était organisée pour vivre et a longtemps vécu sur un principe tout opposé, à savoir : l'inégalité des enfants dans la famille et celle des citoyens dans l'Etat. Il tient pour morte cette société antédiluvienne, et la preuve c'est que, lorsqu'on lui parle « de dîmes, de droits féodaux, de priviléges, de classes privilégiées (2) », Monseigneur se récrie et prétend qu'on l'accuse de vouloir « ressusciter des fantômes. »

_______

(1) Manifeste du 5 juillet 1871. — Lettre à M. le V<sup>te</sup> de Rodez-Bénavent, du 19 septembre 1873.

(2) *Ibidem.*

Il suit de là que Monseigneur eût véritablement consenti à devenir « le Roi légitime de la Révolution. »

L'égalité substituée aux priviléges, voilà, en effet, la plus profonde de nos révolutions ; c'est la seule qui n'ait pas été purement négative, la seule qui, après tant de bouleversements, subsiste entière dans nos Codes. Pour le peuple qui en jouit, c'est toute la Révolution.

Envelopper aujourd'hui dans le même anathème les sanglants démolisseurs qui avaient tout détruit, et les architectes qui, sur un plan nouveau, ont tout rebâti ; confondre la Révolution féconde avec la Révolution stérile, celle qui a créé l'ordre avec celle qui n'avait enfanté que le chaos, c'est parler à la multitude une langue étrangère, qu'elle n'entend pas et qui l'irrite.

Évidemment, Monseigneur se trompait dans l'emploi du mot de révolution ; mais, quoiqu'averti de sa méprise, Monseigneur y a persisté, oubliant qu'à aucune époque ce n'a été, en France, un droit royal de fixer ou changer à volonté le sens des mots. Ce sont les peuples eux-mêmes qui, partout, font leurs vocabulaires, et, pour être compris d'eux, les plus puissants monarques ont l'habitude de s'y conformer de bonne grâce.

§ 2

SUITE DE LA MÉPRISE

La fausse idée que Monseigneur s'est faite de la Révolution, il a plu à Monseigneur de l'incorporer dans un emblême : les trois couleurs.

C'est pour n'être pas le Roi de la Révolution, de la révolution destructive qu'il avait en vue, que Monseigneur a exigé la substitution du drapeau blanc au drapeau tricolore.

Il était impossible d'imaginer un meilleur moyen d'accuser plus vivement l'erreur première de Monseigneur, et, par conséquent, le dissentiment qu'elle créait entre Monseigneur et le pays.

Examinons donc à fond, et théoriquement et historiquement, cette fameuse question du drapeau.

# SIXIÈME LETTRE

## LE DRAPEAU

Que le drapeau tricolore ait plané sur les désolations de la Terreur, c'est un fait acquis à l'histoire ; mais que ce soit là une raison pour le proscrire, après plus de quatre-vingts ans, c'est ce qui ne se comprend pas. Le même soleil qui éclairait les scènes du Déluge, où l'humanité tout entière a failli périr, a éclairé aussi la renaissance du monde, et le monde ne l'a point maudit. Un drapeau est aussi impassible que cet astre ; il est aussi indifférent que lui aux événements lugubres ou riants dont il peut être le témoin ; l'en louer ou l'en punir serait d'un sauvage ou d'un enfant. Le bien et le mal, en politique, ne dépendent pas de la couleur de cet insigne, ils dépendent uniquement du plus ou moins de sagesse des gouvernants.

On peut, sous le drapeau blanc, commettre autant de fautes que sous le drapeau tricolore ; on peut, sous le tricolore, se conduire avec autant de prudence que sous le blanc. On a vu, sous l'un et l'autre étendard, des princes et des ministres clairvoyants, des ministres et des princes aveugles. L'âge, la forme et la couleur du lambeau de toile qui flottait sur leurs têtes, n'y sont pour rien. Monseigneur ne l'ignore point ; tous les sages savent cela ; mais nul n'a le droit d'exiger des peuples ce genre de sagesse qui n'est, chez le petit nombre, que le fruit de l'étude et de la réflexion. Monseigneur l'oubliait, sans doute, en voulant faire passer, avant toute chose, dans des circonstances aussi graves, où il s'agissait du salut du pays, une question pour les esprit sérieux si superficielle, si capitale, au contraire, pour un peuple ordinairement plus sensible aux impressions qu'au raisonnement, plus prompt à l'action qu'à la réflexion, à la résistance qu'à la soumission.

En fait, les trois couleurs sont le symbole populaire de la Révolution, non de celle qui a tout détruit, mais de celle qui a constitué la famille, la propriété et la société de ce temps ; de ce temps auquel Monseigneur appartient et déclare qu'il veut appartenir.

Elles représentent dans nos régiments, l'admissibilité de tous les soldats aux grades et honneurs militaires, sans autre distinction entre eux que le mérite personnel et les services personnels. Elles leur rappellent à quelles hautes destinées ont pu s'élever, sous leur plis, les Hoche, les Soult, les Gouvion-Saint-Cyr, et tant d'illustres capitaines d'humble origine, qui étaient partis comme eux le sac sur le dos. A peine, sous l'ancien régime, seraient-ils parvenus au grade de sergent ; le nouveau leur a permis d'arriver au commandement en chef des armées, sans barrer pour cela le chemin aux Ségur, aux Fézenzac, aux d'Avoust, et à tant d'autres officiers de race équestre, leurs dignes émules.

Les trois couleurs représentent, dans nos cités et nos campagnes, l'égalité des propriétés devant le percepteur ; de plus, l'égalité des habitants devant la justice ; en d'autres termes, l'égalité civique, laquelle s'étend et rayonne en tout sens. De telle sorte que le fils du paysan ou de l'artisan, qui peut, comme on l'a vu, devenir général, peut aussi devenir préfet, président de Cour, conseiller d'État et ministre ; entrer dans la carrière qu'il préfère, et, s'il en est digne, monter au premier rang.

Dans l'ordre civil, le drapeau tricolore est l'unique symbole de cette révolution, surtout depuis le jour où, sous le drapeau blanc, la Restauration tenta de rétablir le droit d'aînesse. En ressuscitant le droit d'aînesse, base de la société ancienne, la Restauration eût détruit l'égalité des enfants dans la famille, base de celle des citoyens dans l'État.

Dans l'ordre militaire, le drapeau tricolore a, depuis plus longtemps encore que dans l'ordre civil, cette signification nationale. Depuis quand? Hélas! depuis le jour où notre armée, en combattant sous les trois couleurs, vit flotter devant elle, dans les rangs ennemis, le drapeau blanc. Il marchait contre nos frontières, à côté du drapeau prussien, parmi les étendards de la coalition européenne.

Ces souvenirs feront peut-être comprendre à Monseigneur pourquoi la nation, en 1830, a spontanément relevé le drapeau tricolore. Elle l'avait déjà porté vingt-cinq ans, de 1789 à 1814, et pendant ce quart de siècle, le plus tragique, le plus rempli, le plus merveilleux peut-être de l'histoire, elle l'avait, par son courage à le défendre, rendu respectacle au monde entier. L'ayant repris en 1830, voici aujourd'hui près d'un demi-siècle qu'elle l'a refait sien. Exclusivement sien. Il a, en effet, survécu à la Monarchie constitutionnelle, à la seconde République et au second Empire. Ce n'est plus le drapeau d'un gouvernement plutôt que celui d'un autre : c'est désormais le drapeau du pays; ce n'est plus le drapeau d'un parti : le voilà devenu le drapeau commun de tous les partis. Indépendamment de la puissance des intérêts, des souvenirs qui en font l'objet d'une espèce de culte, un peu superstitieux, j'y consens, mais d'autant plus tenace, il a maintenant au respect un autre titre : la longue possession.

Ces considérations générales, puisées dans la raison et dans les faits, ne permettaient pas à l'Assemblée de souscrire au vœu imprudent de Monseigneur, en substituant le drapeau blanc, contre lequel s'élèvent de funestes préventions, à un drapeau que la nation a fait sien; le drapeau de l'ancien régime et d'une société aristocratique, aujourd'hui éteinte, au drapeau de la Révolution ou plutôt du régime social qu'elle a fondé.

Le temps des folles expériences semblait passé. A quoi bon relever le trône, pour l'abriter sous un drapeau impopulaire? Le drapeau populaire ramassé, dès le soir, par un césarion quelconque, même par le plus obscur caporal, eût bientôt servi de ralliement aux masses égarées, et on l'eût vu flotter, le lendemain, sur les clochers, les casernes, les mairies, sur tous les monuments, à commencer par le palais de Sa Majesté.

Malheureusement ces considérations ont été impuissantes sur l'esprit abusé de Monseigneur.

Voyons donc sur quels arguments Monseigneur appuyait sa résistance.

§ 1

LES VERTUS DU DRAPEAU BLANC

Le drapeau blanc est-il nécessairement le symbole de l'autorité royale?

Point ! Ce symbole a souvent changé de forme et de couleur.

Monseigneur ne se souvient-il plus de la chape de saint Martin ?

Ne se souvient-il plus de l'oriflamme et de ses vieilles gloires ?

Aurait-il oublié l'étendard bleu de Philippe-Auguste ?

L'étendard étoilé de Charles VII ?

Autant de symboles de l'autorité royale.

Nous en avons eu de toutes les couleurs, sans compter la cornette tricolore du premier, du plus sage et du plus illustre Roi de la Maison de Bourbon ; simple cornette, j'en conviens, et non encore notre principal étendard. Mais quand le Roi chargeait l'ennemi à la tête de sa cavalerie, c'était, n'en déplaise à Monseigneur, sous un drapeau tricolore, lequel, à ce moment, devenait le symbole justement respecté de l'autorité de ce grand monarque.

Le drapeau blanc a eu, je le sais bien, une plus longue fortune que toutes nos vieilles bannières. Il résulte, cependant, de ce qui précède, qu'il n'est pas le symbole nécessaire de la Royauté. Il en résulte aussi que la couleur du drapeau n'avait pas, chez nos ancêtres, l'immutabilité d'un principe : on en eût changé moins souvent.

Mais parce qu'il a été en honneur un peu plus de temps que les autres, s'en suit-il que le drapeau blanc aurait naturellement, et par lui-même, une vertu qui manquait à la chape de saint Martin et à l'oriflamme de saint Denis ? Ferait-il, par hasard, plus de miracles ? Est-ce qu'il a jamais suffi de le déployer pour apaiser une sédition, faire tomber les armes des mains des rebelles, maintenir ou rétablir l'union soit dans ce pays divisé, soit seulement dans la famille royale ?

Si Monseigneur dit : Oui ! l'histoire dit : Non !

Je ne veux pas rappeler des souvenirs trop lointains, par exemple : les lamentables épisodes de la fin du quatorzième siècle à la fin du quinzième siècle. On sait assez que ni « son principe », ni « son drapeau » qui était blanc, n'eurent cette vertu de préserver Charles VI de la démence ; que, pendant ce malheureux règne de quarante-deux ans, sous ce même principe et ce même drapeau, on vit la Reine conspirer avec Henri V d'Angleterre contre le Dauphin, son propre fils. On sait assez que dans ce même temps, sous ce même symbole, le duc de Bourgogne, Jean-Sans-Peur, cousin du Roi, fit assassiner le duc d'Orléans, frère du Roi ; et que, douze ans plus tard, les amis de la victime d'accord, dit-on, avec son fils et même avec le Dauphin, assassinèrent, en guet-apens, le duc de Bourgogne. On sait assez que, cinquante ans plus tard, sous le même drapeau, on vit le duc de Berry, frère unique du Roi, conspirer, avec d'autres princes du sang, contre l'autorité royale, de même que le Roi, alors régnant, avait lui-même, étant Dauphin, conspiré contre le feu Roi, son propre père.

Loin de moi l'intention de décrier la Monarchie ! J'aurais donné hier, et que Monseigneur en soit convaincu, je donnerais encore, pour la rétablir, non telle qu'elle était alors accceptée, mais telle qu'elle est possible désormais ; oui, je donnerais sans regret mon obscure et inutile vie, sûr d'avoir ainsi rendu à mon pays un grand et durable service. Je connais les grandeurs et les bienfaits de la Monarchie, et il me serait cent fois plus agréable d'avoir à les raconter que d'être obligé d'insister sur les vices de cette admirable institution. On les connaît, d'ailleurs, ces vices, et si j'en parle, c'est par nécessité et uniquement parce que Monseigneur semble les avoir oubliés. De cette institution vénérable, mais purement humaine, susceptible, par conséquent, de toute amélioration dont l'expérience et la raison auraient reconnu l'utilité, d'abord, et enfin la nécessité, je ne sais quels rhéteurs ont fait une institution mystique, surnaturelle, religieuse, ayant à sa tête, non un homme fragile comme les autres, mais une espèce de pontife inspiré, qu'il serait criminel de contredire, parce qu'il ne peut jamais ni se tromper, ni nous tromper. La France catholique proteste contre une telle impiété. Il est de foi pour elle que le Roi est faillible, et que, seul au monde, le Vicaire du Christ ne l'est pas. Elle considère, par conséquent, l'institution monarchique comme une œuvre de raison toujours réformable, quelquefois perfectible, et non comme une œuvre miraculeuse, mise par Dieu sous la dépendance du Roi.

Cela dit entre parenthèses, j'en reviens à mon point, qui était de savoir si le drapeau blanc, qui n'est pas aujourd'hui bien évidemment, même entre royalistes, l'emblème de la concorde, a jadis possédé cette vertu.

Je crois avoir prouvé à Monseigneur qu'il ne la possédait guère au XV⁰ siècle.

Passons donc au seizième.

A cette époque une guerre civile et religieuse a déchiré, pendant trente ans, notre patrie. Ni « le principe, » ni « le drapeau » n'ont prévenu ces affreuses dissensions.

Quel était le symbole de l'autorité royale pendant la Ligue ? — Le drapeau blanc.

Or, la Ligue a méconnu, sous ce drapeau blanc, l'autorité royale, et dans la personne d'Henri III et dans la personne de son légitime héritier Henri IV, l'auguste aïeul de Monseigneur.

Chose étrange ! C'étaient, à ce moment, des hérétiques, les huguenots, qui défendaient au prix de leur sang l'orthodoxie monarchique.

Il est juste de dire qu'un peu auparavant, ces mêmes huguenots étaient en état de rébellion ouverte contre l'autorité royale. Or, sous quel chef marchaient-ils ? Sous le même Henri, alors prince de Béarn. Et sous quel drapeau ? Sous le drapeau blanc.

A ce propos, me sera-t-il permis de demander, rien qu'en passant, si ce drapeau était alors sur « le chemin de l'honneur ? »

Je le crois, pour mon compte, mais je connais des gens qui seraient fort aises d'avoir, sur ce sujet, l'opinion de Monseigneur.

Passons au XVII<sup>e</sup> siècle.

Même spectacle sous Louis XIII. Inutile de rappeler à Monseigneur les dissensions du Roi avec la Reine-Mère, l'exil de Marie de Médicis à Cologne, les manifestations armées des princes du sang contre l'autorité royale. Sous la minorité de Louis XIV, même spectacle encore. A quoi bon rappeler les guerres de la Fronde ?

Au XVIII<sup>e</sup> siècle, sous Louis XV, il est vrai, les cabales de cour avaient remplacé les factions armées. Le Roi put exiler le Parlement, sans exciter dans le pays grande émotion. Il put supprimer les Jésuites et persécuter les Jansénistes, faire de Voltaire un chambellan, prendre pour ministre l'abbé Terray, Soubise pour général en chef ; il put plus encore..... il put ce qu'il voulut.

Je ne suppose pas que ce soit là un des miracles du drapeau blanc, ni que Monseigneur ait pris le long et paisible règne de son bisaïeul comme un idéal monarchique tant soit peu digne de regret.

Sous Louis XVI... Arrêtons-nous ici. Les trois couleurs vont apparaître. Nous pouvons, dès à présent, porter un jugement sur les mérites de ce talisman que Monseigneur a reçu au berceau et veut emporter dans la tombe. Ce n'est pas du tout un talisman. Le drapeau blanc a été, comme le drapeau tricolore, tantôt celui de la révolte et tantôt celui de la loi ; tantôt celui de l'ordre et tantôt celui de l'anarchie ; tantôt celui de la liberté et tantôt celui de l'arbitraire. En tout cas, il ne possède par lui-même aucune des propriétés dont se plaît à le douer l'imagination de Monseigneur.

## § 2

### LES CRIMES DU DRAPEAU TRICOLORE

Un grand citoyen, membre de l'Assemblée nationale, un austère et pieux vieillard qui emprunte à son âge, à ses rares lumières et à ses héroïques vertus, l'autorité nécessaire pour conseiller un peuple, et à son caractère apostolique, toute l'autorité qu'il faut, dans des questions de conscience, pour conseiller et éclairer une âme royale, M. l'Evêque d'Orléans, puisque je l'ai nommé, disait, le 23 janvier 1873, à Monseigneur : « Se faire, même par un très noble sentiment, *des impossibilités qui n'en seraient pas devant Dieu,* serait le plus grand des malheurs. »

Monseigneur, comprenant qu'il s'agissait ici du drapeau, répondit à cette partie de la lettre épiscopale :

« C'est là un prétexte inventé par ceux qui, tout en recon- » naissant la nécessité du retour de la Monarchie traditionnelle, » veulent au moins conserver *le symbole de la Révolution* (1). »

On sait que, dans la langue particulière de Monseigneur, le mot de révolution n'a qu'un sens, et précisément le sens que réprouvent, à l'unanimité, tous ceux qui avaient reconnu la nécessité du retour de la monarchie. Il faut donc traduire en

(1) La lettre épiscopale n'avait, dans la pensée de son auteur, qu'un caractère tout privé et tout confidentiel. Il a plu à Monseigneur de rendre publique sa réponse et de communiquer, en même temps, au journal de M. de la Rochette, *l'Espérance du peuple,* les fragments de la lettre privée à laquelle il était répondu. Nous aurons peut-être à interroger encore une fois ces documents.

notre langue les paroles de Monseigneur ; elles signifient tout simplement ce que voici : Le drapeau tricolore est celui du 14 juillet, des 5 et 6 octobre 1789, du 20 juin, du 10 août et du 2 septembre 1792, du 21 janvier et du 16 octobre 1793 ; il ne rappelle et ne symbolise que des crimes. A un tel drapeau que je repousse, j'oppose le mien qui est sans tache.

Les illusions de Monseigneur rendent bien douloureux le devoir que j'ai à remplir.

Des attentats que Monseigneur enveloppe sous le nom de révolution, et dont les trois couleurs seraient l'enseigne, n'en avait-on en France, aucune idée, avant le 14 juillet 1789 ? Est-ce que le drapeau blanc n'avait jamais rien vu de pareil ? Parlons d'abord des attentats contre les personnes royales, et sans vouloir remonter plus haut, rappelons pour mémoire, l'assassinat du 23 novembre 1407 (1), crime resté juridiquement impuni et non-seulement excusé, mais loué, ô malheur ! jusques devant les juges par le théologien Jean Petit. Puis l'assassinat du 10 septembre 1417 (2), commis en représailles du premier  Puis l'assassinat du 13 mars 1569 (3), commis comme les précédents, sur la personne d'un prince du sang, par ordre d'un autre prince du sang. Puis l'assassinat du roi Henri III par un de ces fanatiques ligueurs, à qui l'on prêchait le régicide, où ? dans les clubs ? non ! dans les églises et, ô profanation ! jusque dans la chaire de vérité (4).

(1) Assassinat du duc d'Orléans, rue Barbette.
(2) Assassinat de Jean-sans-Peur, au pont de Montereau.
(3) Assassinat de Louis I<sup>er</sup>, prince de Condé, l'illustre blessé de Jarnac, par ordre du duc d'Anjou.
(4) Henri III fut assassiné, le 1<sup>er</sup> aout 1589, par un jeune frère jacobin, nommé Boulanger, et en religion, Jacques-Clément. Il avait, au préalable, informé de son dessein un des chefs de son ordre, le prieur Bourgoing. Peu auparavant, la Sorbonne avait prononcé la déchéance du Roi, et délié ses sujets du serment de fidélité. L'assassin, après son supplice, fut, deux cents ans avant Marat, vénéré comme un martyr. Le peuple se porta en foule au devant de sa mère, baisant la trace de ses pas. La faculté de Sorbonne voulait le faire canoniser. En attendant, la même année, on vendit à Paris, sa *vie* et son *portrait*, sous ce titre : *Martyre de saint Jacques-Clément*. On prétend que le pape Sixte-Quint prononça son éloge dans un consistoire. Mais je n'en veux rien croire. Le reste est authentique.

Puis l'assassinat d'Henri IV, l'aïeul de Monseigneur, par un disciple de la même école (1).

Est-ce par hasard, le drapeau tricolore qui assistait à ces crimes-là et, chose plus horrible, aux sermons et cérémonies sacriléges par lesquels, devant les fidèles assemblés, on prétendait, non-seulement les justifier, mais les sanctifier?

Un mot seulement des attentats contre le Pape et l'Eglise. Est-ce le drapeau tricolore qui, en 1303, a vu souffleter le souverain Pontife et ce vieillard, arraché de son siége, traîné par terre, un poignard sur le cou? On croit généralement que cela s'est passé par ordre du roi très chrétien Philippe IV. Ce qui est certain, c'est que les huguenots, lorsqu'ils dévastèrent, bien plus tard, les autels, les couvents, les églises, portaient, je l'ai déjà dit, le drapeau blanc.

Nous glisserons sur l'assassinat de François de Guise, ce grand capitaine, oncle du roi François II ; sur l'assassinat du *Balafré*, dans le château de Blois ; sur celui du cardinal de Lorraine ; sur celui du maréchal d'Ancre, à la porte du Louvre ; et généralement sur tous ces crimes politiques qui, bien qu'ayant force complices, ne faisaient guère à la fois qu'une victime. Parlons plutôt de ces exécutions en bloc, de ces assassinats en masse et sans ombre de jugement, tels que ceux de septembre 92 ; de ces factions qui s'entr'égorgent, ni plus ni moins que celles de la Convention ; de ces scélérats de bas étage qui font trembler les villes, à commencer par Paris. Je n'ai lu nulle part que le drapeau tricolore fut celui des Maillotins, ni celui du boucher Caboche et du parti des *écorcheurs*. Ces attentats énormes contre l'humanité, le drapeau blanc les a vus, et plus d'une fois, avant que ne les vît, à son tour, le drapeau tricolore. Monseigneur aurait-il oublié ces terribles nuits, et ces néfastes journées de juin 1418? Le connétable d'Armagnac et ses partisans, la plupart déjà prisonniers, d'autres, libres encore, surpris dans leur sommeil, et femmes, enfants, vieillards, nombre de prêtres, nombre d'évêques, indignement massacrés.

Ne disons rien des cachots, des bûchers, des édits et sen-

_________

(1) 14 mai 1610.

tences atroces ; de François I<sup>er</sup> à l'avènement d'Henri IV, on se fatiguerait à les compter. Mais le massacre des Vaudois, en 1545 ? Mais le massacre de Vassy, en 1562 ? Mais l'abominable nuit du 24 août 1572 ? Y en a-t-il une pareille dans la sanglante histoire de la Terreur ? Ce n'est pas tout. Et le cruel édit du 24 octobre 1685 ? Et les suites de cet édit ? En pleine paix civile et religieuse, des milliers de familles françaises, issues des vieux champions du Béarnais, frappées un beau matin par l'ingrat petit-fils du Béarnais ! Des milliers de familles chrétiennes, tout à coup dépouillées de leurs droits civils et naturels, et au détriment de l'État, contraintes, par le fer et le feu, à l'expatriation ou à l'apostasie !

On a beau en souffrir et en rougir : il y a quelque intérêt, même actuel, à rappeler ces méfaits de tout genre qui se sont reproduits, de siècle en siècle, depuis cinq cents ans, et souvent durant des périodes de temps quatre et cinq fois plus longues que celle qu'a duré la phase sanglante de la Révolution.

Tout épouvantables qu'ils soient, ils ne prouvent rien contre le principe monarchique, ni contre le drapeau blanc, témoin passif de ces monstruosités. Ils prouvent seulement le danger des systèmes politiques reposant sur un principe exclusif ; du système d'autorité sans contre-poids, sans limites définies, sans barrière vivante et visible ; du système de liberté indéfinie, sans frein légal, sans un pouvoir régulateur indépendant. Ces excès lamentables, qui appartiennent à l'un et à l'autre régime, font toucher du doigt le danger des sophismes à l'aide desquels, soit par intérêt, soit par ignorance, mais pour les étayer l'un ou l'autre, on trompe le peuple et on se trompe soi-même ; ils font ressortir le danger imminent des passions humaines, des meilleures aussi bien que des pires, qui sont toujours au service des sophismes. En un mot, ces cruelles épreuves, par lesquelles toute nation moderne a passé ou passera, démontrent mieux qu'aucun discours l'excellence de la Monarchie constitutionnelle, qui, sans avoir les inconvénients du système de la liberté pure, ni ceux du système de l'autorité pure, réunit leurs mutuels avantages et semble l'expression naturelle et pratique de l'expérience et de la sagesse des siècles.

Revenons au sujet principal de cette lettre.

Je conclus, pour mon compte, des consdérations qui précèdent que le drapeau blanc n'a rien à reprocher au tricolore, et qu'ils ne sont en fait, ni plus ni moins immaculés l'un que l'autre. S'il était vrai que le tricolore ne symbolisât que le crime; le blanc, que la vertu, le patriotisme et la grandeur, comment se fait-il que notre nation ait porté si longtemps, dans toutes les parties du monde, et avec tant d'orgueil, ce prétendu symbole du crime? Ce n'est pas la flatter ni seulement être juste envers elle que d'insister, fut-ce à demi-mot, sur cette injurieuse accusation. Ce ne serait non plus l'aimer assez, ni la respecter assez, que d'essayer seulement de l'en défendre.

J'ai dit à Monseigneur quelle est la signification populaire, partant la vraie signification politique de l'étendard aux trois couleurs. Aussi, ajouterai-je, que de loyales mains, que de mains glorieuses l'ont porté! Que de milliers et de centaines de milliers de bons Français se sont fait tuer pour sa défense! Quelles légions de héros! Que de saints parmi ces héros! Et que d'institutions et que d'Œuvres chrétiennes sont nées, ont grandi et fleurissent à son ombre! Outre l'épiscopat et le clergé de France, outre les missions catholiques du monde entier, que de souverains pontifes, de leurs mains vénérées, l'ont solennellement béni.

Et ce serait le symbole du crime!

Non! Il n'est pas possible que la France, l'Église, tout l'univers se soient si honteusement trompés. On a donc trompé Monseigneur.

Mais ce n'est pas assez de cette erreur. On a suggéré à Monseigneur contre le drapeau tricolore un nouveau grief.

## § 3

### LES HUMILIATIONS

« Si le drapeau blanc a éprouvé des *revers*, il y a, dit Mon-
» seigneur, des humiliations qu'il n'a point connues (1) ».

Donc, les trois couleurs les auraient subies, ces humiliations !

Eh bien ! oui ; pourquoi le nier? Oui, sur ce point Monseigneur a raison. Oui, ce n'est que trop vrai : pour le couron-
nement de sa scandaleuse carrière, Napoléon III les avait
ternies à Sedan, ces nobles couleurs. Mais quoi ! le lendemain
son trône s'écroulait. Cinq mois plus tard, l'Assemblée nationale, à peine réunie, a prononcé la déchéance de ce prince
et de sa fatale dynastie.

Oui, oui, c'est encore vrai! Bazaine avait, à Metz, infligé
un autre affront aux trois couleurs. Mais l'Assemblée nationale
l'a livré, celui-là, à un Conseil de guerre, et la justice militaire a dégradé cet indigne soldat.

Quant à l'armée, son courage n'avait fléchi ni à Sedan, ni à
Metz, et son honneur, à elle, est sorti sauf de ces épreuves.
Elle a fait partout son devoir, et comme elle avait été sans
peur devant la mitraille, elle est revenue sans reproche de la
captivité.

Aussi Monseigneur, je me plais à le reconnaître, ne mar-
chande-t-il point les louanges qui lui sont dues : « *Quelle que*
» *fût la couleur du drapeau sous lequel marchaient nos soldats,*

(1) Manifeste du 25 janvier 1872.

» *j'ai*, dit-il, ADMIRÉ LEUR HÉROISME *et rendu grâce à Dieu de*
» *ce que leur bravoure ajoutait au trésor des gloires de la*
» *France* (1). »

Le tricolore n'avait donc émoussé ni leurs instincts de race, ni leurs vertus patriotiques. Monseigneur ne rougit point d'eux. Il les estime, au contraire, à ce point qu'il leur eût immédiatement confié, à ces glorieux vaincus, son propre drapeau (2).

Mais à quoi bon ce changement?

Le drapeau blanc, quoi qu'en dise le Manifeste, a connu, lui aussi, autre chose que des *revers*. Il a été cruellement, et, ce qui est *plus grave*, IMPUNÉMENT humilié. Et cela, non par la défaillance de nos pères, mais, comme le tricolore, par la défaillance de ceux à qui leur naissance et leur rang faisaient un devoir d'être ses plus intrépides défenseurs.

Quelle ne fut pas la rougeur de nos pères, lorsqu'ils virent la reine Isabeau et le duc de Bourgogne, traînant après eux l'irresponsable Charles VI, remettre le drapeau d'Azincourt aux mains du vainqueur, un prince anglais, reconnaître ce prince pour régent de France, héritier du royaume, et lui ouvrir enfin les portes de Paris !

Est-ce un revers, cela?

De quel genre d'émotion fut saisi le brave La Hire, lorsque au milieu des apprêts d'une fête galante qu'embellissait le drapeau blanc, il dit au jeune Charles VII : « Très bien, Sire, dansez ! on ne perd pas plus gaiement un royaume ! »

Et lorsque, au lendemain du supplice de Jeanne d'Arc, — trahie sous le drapeau qu'elle avait si miraculeusement relevé, — on vit ce même drapeau ombrager à Notre-Dame le sacre de Henri VI, est-ce un frisson d'admiration qui parcourut la France?

N'était-ce qu'un revers, cela?

Je ne toucherai pas à des blessures trop récentes et qui sai-

_____

(1) Manifeste du 5 février 1871.

(2) Monseigneur, parlant du drapeau blanc, dit, dans son Manifeste du 5 juillet 1871 : « Je le confierai sans crainte à la vaillance de notre armée. »

gneraient peut-être encore. Mais de grâce ! de grâce ! ne parlons plus d'humiliations !

Pour avoir perdu tout ce qu'elle a perdu, hélas ! dans la dernière guerre, la France, la glorieuse et malheureuse France, n'est pas, cependant, aussi démembrée, ruinée et abattue qu'elle l'a été au XV<sup>e</sup> siècle. Elle s'est, grâce à Dieu, relevée de plus bas. Elle avait, en effet, sous le drapeau blanc, perdu toutes ses provinces, et elle les a, c'est vrai, reconquises sous le drapeau blanc. Espérance donc et patience ! N'oublions pas qu'elle a mis cent ans à les reconquérir.

Si nous aimons le passé, que ce soit comme il faut l'aimer, pour y chercher de ces exemples qui instruisent, consolent, au besoin réconfortent la génération présente, non pour tenter de l'abaisser par des rapprochements sans justesse dont l'inutilité serait peut-être le moindre défaut.

Proposons à l'imitation des hommes d'aujourd'hui non la forme des armes, des habits, des drapeaux, mais la constance, les vertus, les actions généreuses de nos pères ; c'est par là seulement que nous devons travailler à leur ressembler. C'est tout ce qu'ils nous ont laissé qui soit véritablement digne d'être perpétué. N'ayons pour un lambeau d'étoffe pas plus d'attache qu'ils n'en ont eu eux-mêmes pour d'autres bannières. Souvenons-nous que saint Louis n'a pas connu le drapeau blanc, et que ce n'est pas, par conséquent, le drapeau blanc qui fait les saints et les héros.

# SEPTIÈME LETTRE

## DERNIÈRES CONSIDERATIONS

### SUR LE MÊME SUJET

### § 1

#### HYPOTHÈSE

Que fût-il arrivé en 1830, si, après les abdications, Monseigneur eût été immédiatement proclamé Roi?

Rien d'invraisemblable dans cette supposition, même en tenant compte, et je le ferai tout à l'heure, de l'irritation populaire, suscitée par une lutte de trois jours. Ce dénouement si désirable et alors si désiré par beaucoup de membres des deux Chambres, eût été conforme à la loi traditionnelle de la Monarchie, au principe de succession qui est, en lui-même, toute l'essence de la légitimité, à la Charte qu'on venait de défendre les armes à la main.

Monseigneur n'hésitera pas sans doute à m'accorder ce point.

Je prie Monseigneur de m'accorder encore celui-ci, à savoir qu'il est plus facile à d'imprudents ministres de soulever la colère d'un peuple qu'il ne l'est aux plus sages de la calmer.

Il faut, par conséquent, tenir grand compte de cette situation, et être bien convaincu que la proclamation de Monseigneur comme Roi de France n'eût pas suffi à la pacification du pays.

Le peuple, encore armé, demandait la mise en jugement des ministres. Rien de plus légal, et les Chambres avaient déjà rendu le décret d'accusation. L'industrie, le commerce, la propriété, le travail, la nation entière voulait qu'on fût placé désormais, autant que possible, à l'abri des coups d'Etat et des terribles commotions qui les suivent. Il fallait pour cela supprimer l'art. 14 de la Charte, prétexte, sinon excuse des ordonnances. Durant le combat des trois jours, le drapeau tricolore avait reparu et, au 2 août, flottait déjà dans toute la France.

Changement de drapeau, modifications à introduire dans la Charte, — tout en en respectant les principes essentiels, le droit constitutionnel du Roi, celui des Chambres, la responsabilité des ministres, — telles étaient les nécessités du moment. Tout cela n'a rien de révolutionnaire; ce sont des réformes qui se seraient régulièrement et constitutionnellement accomplies. Le Roi, étant alors à peine âgé de dix ans, n'eût pas même eu l'envie d'y contredire, et le régent de France, dépositaire de l'autorité royale, pendant la minorité, eût sagement approuvé toutes ces réformes.

Si Monseigneur convient que tout cela, en effet, eût été, je ne dis pas facile, mais désirable, mais possible, mais heureux pour la France et pour lui-même, quelle conclusion à tirer de cette admissible hypothèse ?

C'est que Monseigneur, au lieu de grandir dans les amertumes et les illusions de l'exil, eût grandi en France, au spectacle instructif de la vie publique dans les monarchies constitutionnelles, et qu'il eût fait peut-être ses premières armes avec son cousin d'Aumale, à l'ombre du drapeau tricolore.

Ce qui, à tort ou à raison, n'avait pas été jugé possible en 1830, était, par un miracle de la Providence, devenu possible en 1873. Tout le monde s'y prêtait, tout le monde le désirait, à commencer par les princes d'Orléans et leurs plus dévoués amis. Monseigneur seul s'y est refusé.

## § 2


### LES SACRIFICES.


« Si jamais un peuple aux abois a demandé dans celui que
la Providence lui a réservé comme sa suprême ressource, des
ménagements, de la clairvoyance, *tous les sacrifices possibles*,
c'est bien la France *malade* et *mourante* (1).

Oui, ce grand Evêque avait raison ; oui, la France attendait
de Monseigneur tous les sacrifices « possibles ». Sacrifices de
préjugés, de préventions, de chimères, qui ne coûtent rien
aux esprits clairvoyants ; sacrifice plus sensible de ses vieilles
attaches, de ses attaches personnelles au drapeau blanc.

« Je l'ai reçu, écrivait Monseigneur en juillet 1871, je l'ai
» reçu comme un dépôt sacré du Roi, mon aïeul, mourant en
» exil ; il a toujours été pour moi inséparable du souvenir de
» la patrie absente. »

On comprenait ces préférences, non de raison, mais de
sentiment pour le drapeau blanc ; on comprenait même les
répugnances de Monseigneur pour le drapeau tricolore, répugnances peu raisonnées sans doute, mais purement senti-
mentales, comme ses préférences. On comprenait tout cela
et, c'est très vrai, on suppliait Monseigneur de s'élever au-
dessus de tout cela ; on lui demandait le sacrifice de ces
prédilections et de ces antipathies irrationnelles ; on le lui
demandait à genoux, au nom de la France « malade et mourante. »

Inutile argument ! Inutiles prières ! Ah ! le drapeau trico-

___

(1) *Lettre de Mgr l'Évêque d'Orléans à Monseigneur*, du 25 janvier 1873.

lore ! le drapeau de la Révolution ! Que l'on n'en parle plus ! Ignorez-vous, « monsieur l'Évêque », ignorez-vous, messieurs, que ce drapeau a ombragé l'échafaud du roi Louis XVI, le grand oncle de Monseigneur?

On ne l'ignorait pas. Il y a, en France, des milliers de personnes de toute condition, et, dans l'Assemblée nationale, trois cents députés au moins, qui ont perdu, comme Monseigneur, grands-oncles et grands'-tantes ; de plus que Monseigneur, grands-pères et grands'-mères sur les échafauds, dans les cachots, sur les pontons, dans les fusillades ou les noyades de la Terreur. Pas un de ces députés, cependant, qui ait jamais dit : Si Monseigneur accepte le drapeau tricolore, c'est fini ; Monseigneur trahit notre cause ; je ne reconnaîtrai, n'aimerai et ne servirai plus en lui le Roi légitime. Pas de légitimité sans le drapeau blanc ! Non, de ces trois cents dont je parle, il n'en est peut-être pas un seul qui n'ait déjà, lui, son père ou son fils, servi, soit à l'armée, soit dans une fonction quelconque, loyalement servi le drapeau tricolore ! Pas un qui ne l'eût servi avec un redoublement d'enthousiasme, si Monseigneur eût consenti à l'adopter ! Tous ont fait des vœux pour cela, et combien ont porté ces vœux aux pieds de Monseigneur.

Un député de l'extrême-droite, ancien et honorable magistrat, disait à Monseigneur, au mois de septembre 1873 : « Le drapeau tricolore est le symbole de la Révolution? Soit ! Mais la croix où Jésus est mort était un signe d'opprobre et tout à la fois l'instrument d'un honteux supplice. N'est-elle pas devenue le symbole de notre rédemption, notre orgueil, notre amour et notre espérance ? Pourquoi, toute proportion gardée, n'en serait-il pas de même du drapeau tricolore? Il a ombragé les humiliations, les souffrances et le supplice d'un saint Roi? Raison de plus ! Il est teint de son sang ; il a été témoin de son courage, de sa patience, du sublime pardon accordé par le royal martyr à ses bourreaux, de ses derniers vœux pour la France. Il rappelle cela aussi bien que le crime, en même temps que le crime et plus haut encore. La France, qui l'a, depuis longtemps, arraché des mains régicides, l'offre aujourd'hui respectueusement à Monseigneur. Au lieu de repousser avec mépris ce précieux témoin des grandeurs morales de la royauté, que Monseigneur l'embrasse et en soit fier, et dans ses mains, le drapeau tricolore devient à l'instant le symbole de la régénération politique de notre patrie. »

L'honorable député avait raison. Mais sans oser m'élever aussi haut que lui, et, en restant dans les régions moyennes mais chrétiennes encore, j'ajouterais : plus les souvenirs domestiques que ce drapeau réveille, sont douloureux, plus il y eût eu, de la part de Monseigneur, de générosité, de vraie grandeur et de vraie gloire, à les refouler au fond de son cœur, en se souvenant de la gloire immortelle dont ce drapeau se couvrait sur les champs de bataille, au moment même où des monstres l'arboraient sur le théâtre de leurs crimes. C'eût été, j'y consens, un sacrifice ; mais quoi ! c'eût été le premier que Monseigneur eût encore fait, volontairement fait à sa patrie ! D'autres lui ont immolé leur fortune, leur sang, leurs fils. Monseigneur ne fera-t-il, pour la sauver, rien qui lui coûte seulement un frisson ou une larme ? Lui aurait-on persuadé qu'elle n'en est pas digne ?

On le croirait.

« *Je n'ai ni sacrifices à faire, ni conditions à recevoir*, » répondit, en effet, Monseigneur aux touchantes supplications de Mgr l'Évêque d'Orléans (1).

Des sacrifices ! c'est bon apparemment pour l'Eglise et pour la noblesse. On les a dépouillés de leurs priviléges séculaires, de leur antique patrimoine, de leurs bénéfices, de leurs offices, de leurs châteaux et de leurs champs, de leur situation politique, aussi vieille que la monarchie elle-même. Cette révolution là, qui est au fond toute la révolution, Monseigneur y souscrit, la ratifie, proteste avec indignation contre la malveillance qui se refuse à croire à tant de résignation aux pertes et aux sacrifices d'autrui. Cependant rien de plus certain. Tant que les sacrifices ne retombent que sur les puissances hiérarchiques, ancien support de la royauté, c'est bien ! Mais le pouvoir royal, oh ! c'est autre chose. Il a beau, en tombant,

_________

(1) *Lettre du 8 février* 1873, déjà citée.

s'être quelque peu brisé et endommagé, n'importe! Monseigneur le veut entier, sans trace de fêlure, sans conditions nouvelles, nécessaires pourtant dans une situation nouvelle ; sans limites connues, sinon de Monseigneur lui-même. — « Ma naissance m'a fait votre Roi ! » — « Mon principe est tout ! » — « Je n'ai ni sacrifices à faire, ni conditions à recevoir ! »

Henri le Grand, à la tête de sa vaillante armée, ne parlait pas ainsi. Monseigneur s'imagine qu'on n'eût pas *osé* demander à ce prince le sacrifice de son drapeau (1). On fit bien plus, on OSA lui demander et l'on obtint de sa grande âme un sacrifice tout autrement douloureux, celui des croyances religieuses de son enfance, du culte pour lequel il avait combattu, depuis vingt ans, les armes à la main, du culte cher à Condé, à Sully, à Mornay, à ses plus fidèles compagnons, de la foi que lui avait enseignée et dans laquelle était morte son héroïque mère. Le grand Henri fit généreusement ce sacrifice, non par ambition de régner, mais pour ne pas prolonger les angoisses de sa patrie, pour apaiser les factions qui la consumaient. En donnant à la Ligue, par sa conversion, la *garantie* qu'elle réclamait, il garantit également, en leur donnant l'Édit de Nantes, la sécurité de ses anciens coréligionnaires. Ce n'est pas le calvinisme, c'est la liberté de conscience qui monta sur le trône avec Henri IV. De même, ce n'est pas la révolution, c'est la liberté politique qu'on eût voulu pouvoir couronner avec Henri V.

Plus heureux que son aïeul, Monseigneur n'avait rien à *renier ;* il n'avait qu'à comprendre et qu'à accepter les nécessités de son temps, qui sont souvent, en politique, la voix même de Dieu.

______

(1) Il n'y avait alors à cela aucun intérêt : c'était le drapeau commun des partis, celui des huguenots qui le portaient dans toute sa blancheur, et celui des ligueurs qui, pour se reconnaître, l'avaient quelque peu modifié en brodant au milieu une croix rouge. Les ligueurs au lieu d'imposer au Roi leur croix rouge la quittèrent eux-mêmes, pour adopter le drapeau des huguenots, qui était, à cette époque, le drapeau « sans tache.»

## § 3

### LE PONT DE SÈVRES

On ne cherche sous les signes que les réalités qu'ils sont faits pour représenter. Ils ont, comme la monnaie, outre cette valeur vraie, une valeur quelquefois fictive. Jamais Philippe-le-Bel ne put faire passer pour bon un de ses écus discrédités. De même des autres symboles. Le drapeau tricolore est universellement accepté pour le vrai drapeau national. Aucune ordonnance du Roi, aucune loi votée par aucune Assemblée ne rendrait cette valeur au drapeau blanc.

J'ai, dans ma jeunesse, oui conter, par un des signataires des fatales ordonnances, l'instructive anecdote que voici :

L'insurrection de juillet était maîtresse de la capitale; l'armée se repliait sur Saint-Cloud; Mgr le Dauphin était à Sèvres avec quelques débris de la garde royale. Voilà qu'une troupe d'insurgés, qui arrivait de Paris, s'arrêta de l'autre côté du pont, tirant de temps à autre quelques coups de fusil sur ces vaillants soldats qui, loin de riposter, se débandaient et faisaient mine de vouloir fraterniser avec leurs agresseurs. Malgré M. le duc de Guiche (1), son aide de camp, qui essayait de l'en empêcher, Mgr le Dauphin s'était bravement et plusieurs fois exposé à la mort, en s'efforçant de rallier les gardes royaux. — On jurerait que vous avez peur, leur dit enfin son Altesse royale. De la discipline, morbleu ! Prenez vos rangs ! Si vous voulez ensuite rejoindre les rebelles, allez-y au moins en bon ordre, non comme des fuyards !

(1) Père de M. le duc de Gramont, ministre de Napoléon III.

Les soldats obéirent de point en point au commandement du fils aîné du Roi. Ils se formèrent par compagnies et bataillons et, à l'exception du porte-enseigne et des principaux officiers, malgré les balles qui continuaient à pleuvoir sur eux, c'est en bon ordre qu'ils désertèrent le drapeau blanc pour aller rejoindre au delà du pont le drapeau tricolore.

Quelle leçon (1)! Monseigneur serait-il d'avis de recommencer l'épreuve?

§ 4

LE DRAPEAU ROUGE

Elle a son drapeau, la révolution anarchique, régicide, anti-sociale, anti-chrétienne, athée, incendiaire et pillarde. Nous la haïssons autant et, s'il m'est permis de le dire, plus peut-être que Monseigneur n'a personnellement le droit de la haïr. Chaque fois qu'elle a relevé sa tête maudite, nous étions là, au milieu du feu, défendant contre elle nos cités, nos églises, nos maisons, nos enfants. Spectateur lointain de nos combats, Monseigneur ignore sans doute ou plutôt Monseigneur oublie que cette révolution impie a pour enseigne parlante un haillon rouge, et que c'est sous les trois couleurs que nous l'avons toujours vaincue.

Les révolutionnaires de cette hideuse famille s'appelaient,

(1) En voici une autre plus récente. L'autre jour, en Basse-Bretagne, dans un des départements les plus religieux et les plus légitimistes de France, trois candidats à la députation étaient en présence, un républicain, un césarien, un royaliste. Celui-ci l'a emporté, c'est vrai, mais comment? En s'enveloppant dans les plis du drapeau tricolore qu'il aime et qu'il sert depuis quarante ans. C'est M. l'amiral de Kerjégu. — L'épisode du pont de Sèvres se trouve, me dit-on, consigné dans le *Journal d'un Ministre*, ouvrage posthume de M. le comte de Guernon-Ranville.

en 1793, les « sans-culottes »; ils portaient alors le bonnet rouge, et en arrachant de leurs mains parricides le drapeau tricolore, on les a forcés depuis longtemps à prendre le drapeau rouge, qui complète leur signalement.

N'importe! Monseigneur veut qu'on leur abandonne le drapeau qu'on leur avait repris et qui en 1832, en 1848 comme 1871, les a toujours vaincus. C'est le drapeau victorieux, Monseigneur l'affirme, c'est le drapeau tricolore qui serait lui-même le symbole de la Révolution, non, bien entendu, de la Révolution dont Monseigneur accepte intégralement les conséquences, mais de la Révolution impie et à jamais stérile que repoussent et flétrissent tous les honnêtes gens.

## § 5

### CONSÉQUENCES DE CETTE AFFIRMATION

Ainsi vous serviez la Révolution, la hideuse Révolution, vous, mes bons amis, vous, les plus loyaux serviteurs du Roi, Carayon-Latour, Cazenove de Pradines, La Rochethulon, de Legge, Quinsonnas, Costa de Beauregard, et tant d'autres qui sont morts, les Vogué, les Dampierre, les de Luynes. Et vous aussi, Cathelineau, Stofflet, Charrette, vaillants zouaves, vous serviez la Révolution, lorsque vous combattiez les Prussiens à l'ombre du drapeau tricolore!

On ne doit servir sa patrie que sous le drapeau blanc.

Vous l'ignoriez, noble prince de Joinville et vous aussi, duc de Chartres, lorsque, pour la servir, cette France chérie, vous vous cachiez, vous, amiral, sous le nom d'un colonel américain, vous, jeune prince, sous le nom deux fois glo=rieux de votre grand aïeul, Robert-le-Fort.

Vous l'avez toujours ignoré, vous, « le Bayard des temps modernes », illustre duc de Magenta ; vous aussi, Changarnier, dont le nom est une louange ; et vous, Ladmirault, Cissey, Chabaud La Tour, Ducrot, vous tous, vaillants chefs de notre armée, vous ne le saviez pas !

Rougissez maintenant de votre courage et de vos services.

Rougissez, Cazenove, de vos blessures. Rougissez, Carayon, d'avoir fait reculer, près de Lyon, le drapeau rouge devant le drapeau tricolore.

Et vous, à votre tour, marquis de Vogué, père en deuil, rougissez de l'héroïque mort de votre fils ! Duc de Luynes, fils en deuil, rougissez, quand vous serez grand, de la généreuse mort de votre père.

Ils n'étaient tous que des soldats de la Révolution, de l'infâme Révolution, puisqu'ils combattaient sous ses insignes, exposaient et donnaient leur vie pour les faire triompher.

## § 6

### AUTRE CONSÉQUENCE DES DÉCLARATIONS DE MONSEIGNEUR.

Si, toutefois, il était permis (1) de lutter, l'épée à la main, contre l'étranger, pour la gloire du drapeau que vous avez porté et si galamment défendu, sachez, du moins, vous sur-

(1) Il est juste de dire que les royalistes n'avaient pas demandé cette permission ; mais il est également juste d'ajouter que, s'ils l'eussent demandée, Monseigneur ne la leur aurait point refusée. On lit, en effet, dans la *Correspondance* du comte de Chambord, publiée en 1871 (1 vol., Genève, Grosset et Trembley), une lettre qui fait trop d'honneur à l'auguste Prince qui l'a écrite, pour que je résiste au plaisir de la transcrire ici. Elle est datée du 1er septembre 1870, qui est la date même de la bataille de Sedan : « ..... Au milieu de ces poignantes émotions, c'est, disait Monseigneur, une grande consolation de voir que l'esprit public,

tout, députés de l'extrême-droite, sachez bien que cela n'est permis qu'à la guerre, en cas d'invasion ou d'insurrection rouge.

Hors de là, cachez ce drapeau teint de votre sang et du sang de vos compagnons d'armes. A bas les trois couleurs ! Pour sauver la France des périls qui, au dedans comme au dehors, la menacent encore, Monseigneur ne veut entendre parler que du drapeau blanc.

Votez donc contre les lois constitutionnelles ! Renversez tous les ministres, même légitimistes, qui ne croiront pas devoir proposer la substitution du drapeau blanc au drapeau tricolore. Renversez-les, ou bien, quand vous verrez notre pays pencher vers l'abîme, le suffrage universel hésiter entre le radicalisme et le césarisme, abstenez-vous ! Votre voix pourra bientôt décider du choix des sénateurs ; abstenez-vous ou perdez-la sur des noms impossibles ! Laissez nommer des radicaux et surtout des bonapartistes, et puis, la chose faite, retournez-vous contre le centre droit, et dites-lui : C'est votre faute !

Dites à ces royalistes si patriotes et si sensés, dites leur bien, ce que déjà vos derniers actes signifient : Nous reprendrons, si les Prussiens reviennent, le drapeau tricolore et notre place dans l'armée ; nous nous ferons tuer à côté de vous et de vos princes ; mais jusques-là, guerre à mort entre nous ! Tant que vous n'aurez pas rétabli Henri V et son drapeau blanc, nous resterons, quoi qu'il arrive, vos implacables adversaires. Dût la France en pâtir, comme elle en pâtira,

l'esprit de patriotisme, ne se laisse pas abattre et grandit avec nos malheurs. *Je suis heureux que nos amis aient si bien compris leurs devoirs de citoyens et de Français. Oui, avant tout, il faut repousser l'invasion, sauver à tout prix l'honneur de la France, l'intégrité de son territoire. Il faut oublier en ce moment tout dissentiment, mettre de côté toute arrière-pensée.*

» Nous devons au salut de notre pays toute notre énergie, notre fortune, notre sang.

» La vraie mère préférait abandonner son enfant plutôt que de le voir périr.

» J'éprouve le même sentiment et je dis sans cesse : *Mon Dieu, sauvez la France, dussé-je mourir sans la revoir.* »

Il y a dans l'âme humaine d'incompréhensibles mystères. Comment l'auteur de cette noble lettre a-t-il pu écrire celle du 25 janvier 1872.

nous ne vous aiderons jamais à soutenir le fragile abri que vous lui avez donné. Qui sait? la Monarchie tricolore en sortira peut-être un jour et nous ne voulons, à aucun prix, d'autre monarchie que celle du drapeau blanc..... à présent qu'il est certain que Monseigneur n'en veut pas d'autre.

§ 7

**CONCLUSION ET RÉSUMÉ DE LA PRÉSENTE LETTRE.**

A quel rôle la politique de Monseigneur a-t-elle condamné tant de braves gens, de vaillants cœurs, d'âmes naturellement droites! A contribuer, s'ils y persistent, à la ruine de leur pays, de leurs familles et d'eux-mêmes. En vérité, leur conduite pendant la guerre méritait plus d'égards ; elle auraif dû, ce semble, rendre sacré, aux yeux de Monseigneur, ce drapeau tricolore encore tout baigné de leur généreux sang.

Pour pouvoir avec dignité, et nonobstant les déclarations antérieures, accepter ce drapeau des mains de l'Assemblée nationale (1), Monseigneur n'avait à faire valoir que cette belle et touchante considération, toute à l'honneur de son parti. Qui donc l'eût, de ce chef, accusé de « faiblesse » ou soupçonné « d'habileté » (2)? Qui n'eût admiré là, au contraire, et cette « *clairvoyance* », et l'un de ces « sacrifices

---

(1) Surtout si l'on songe à la réserve, pleine de déférence pour les scrupules de Monseigneur, contenue en l'art. 3 de la proposition des Neuf. (V. ci-dessus, lettre III.)

(2) C'était la crainte de Monseigneur. « Je ne puis, écrivait-il le 27 octobre 1873 à M. Chesnelong, consentir à inaugurer un règne réparateur et fort par *un acte de* FAIBLESSE... Il est de mode, ajoutait Monseigneur, d'opposer à la *fermeté* d'Henri V l'HABILETÉ de Henri IV. »

*possibles* » si vainement souhaités et conseillés par Monseigneur l'Evêque d'Orléans ?

Que ne suis-je ici au bout de ma tâche !

Monseigneur avait déclaré qu'il ne voulait pas être « le Roi légitime de la Révolution ? » J'ai montré que c'était là UNE ERREUR DE FAIT, résultant d'une équivoque sur le mot de révolution.

Monseigneur avait exigé la substitution du drapeau blanc au drapeau tricolore ? — J'ai montré qu'il y avait là, de la part de Monseigneur, UNE ERREUR DE JUGEMENT, ni l'un ni l'autre de ces symboles n'ayant dans l'histoire et dans l'opinion universelle le sens que Monseigneur très arbitrairement leur attribue.

Il me reste à parler d'une autre déclaration de Monseigneur, qui, si Monseigneur y persistait, prendrait un caractère plus grave, celui D'UNE ERREUR MORALE.

# HUITIÈME LETTRE

## L'ABDICATION

Après le manifeste du 5 juillet 1871, on avait parlé, dans le public, de l'abdication de Monseigneur, comme d'une éventualité probable, et déjà sans doute arrêtée dans le secret de la pensée royale. Cette supposition, loin d'être offensante pour Monseigneur, n'était, au contraire, qu'un hommage qu'on s'accordait à rendre, par anticipation, à son patriotisme.

Exilé, sans savoir pourquoi, presque au sortir du berceau, devenu ainsi étranger, depuis plus de quarante ans, non de cœur certes, mais de fait, à la vie nationale, à ces impressions, à ces réflexions, à ces sentiments qui ne s'éveillent qu'au spectacle et au contact même des événements et des hommes ; à ces idées qu'on respire avec l'air natal, qui s'imprègnent dans l'âme, deviennent sa nourriture quotidienne et se mêlent, en quelque sorte, à sa substance, idée dont aucun livre et aucun écho ne saurait rendre la multiplicité et la pénétrante énergie ; élevé, pour son malheur, et peut-être le nôtre, sous d'autres cieux, parmi des hommes d'un autre pays ou d'un autre temps, ce qui, en politique, est à peu près la même chose, il n'est pas étonnant, se disait-on, que Monseigneur se soit fait, durant une si longue absence, une multitude d'illusions. En le voyant entrer, dès le début, dans une voie si absolument contraire au vœu national, on se persuadait que

Monseigneur, étant si peu suivi, reviendrait sur ses pas, ou que, résolu à essayer l'effet de son programme sur les masses, il connaissait, en cas d'échec, les devoirs qu'impose, même à un prince régnant, un tel isolement au milieu de son peuple.


§ 1


**PIERRE DE MOURON.**


Une grande dame, que je pourrais nommer, tenait, en juillet 1871, une assemblée de charité dans son propre salon, non à Paris, mais en province. Après la clôture de cette assemblée, qu'avait présidée l'Archevêque, plusieurs personnes s'éloignèrent ; il ne resta au salon que les intimes et, sur l'invitation de la maîtresse du logis, le prélat lui-même.

— Avez-vous lu, Monseigneur, lui dit-elle, le manifeste du Roi ?

— Oui, madame la marquise.

— N'est-ce pas que cela est beau ?

— Très beau ! répondit assez froidement l'Archevêque.

— J'étais sûre de votre opinion ! Croiriez-vous, Monseigneur, que mon mari n'en est pas content ?

— C'est comme mon père, fit observer une jeune dame d'un très grand nom.

— Voilà qui est étrange ! dit à son tour une vieille matrone en deuil. C'est justement comme mon fils.

— Et comme mes frères ! s'écria une demoiselle avec vivacité. Mais je leur ai dit qu'ils n'y entendaient rien, et nous voilà presque brouillés.

— Il faut vous hâter, mademoiselle, répartit en souriant le vénérable prélat, de vous reconcilier avec eux. A vrai dire, mesdames, poursuivit-il, je ne suis pas très étonné des nouvelles que je viens d'apprendre. Savez-vous une chose ? Mgr le Comte de Chambord me rappelle Pierre de Mouron.

— Pierre de Mouron ? dit la marquise. Je ne connais pas, même de nom, ce gentilhomme. Qu'est-ce que ce Pierre de Mouron ?

— C'était, reprit l'Archevêque, un très saint homme et dont je ne parle qu'avec un profond respect ; l'Église l'a canonisé !

— Quel rapport ?...

— Je vais vous le montrer : Deux ans après la mort du pape Nicolas IV, le Saint-Siége était encore vacant, et l'Église sans chef, sans chef visible veux-je dire, ressemblait assez à une république. Pierre de Mouron vivait alors : il habitait, depuis plus de quarante ans, une cellule, priant, jeûnant, donnant l'exemple des plus édifiantes vertus. On l'élut pape, et il prit sur la chaire le nom de Célestin V.

Ici l'Archevêque s'interrompit, leva les yeux au ciel comme pour l'implorer, et d'une voix ferme, quoique peut-être un peu plus basse :

— Grâce au privilége de Pierre et de ses successeurs, dit-il, il n'erra jamais dans la foi. Mais il ne connaissait ni la cour romaine, ni les cours étrangères, ni les mœurs et usages de son temps, et, malgré ses vertus, il gouverna de telle sorte qu'il en fut bientôt épouvanté ; cinq mois après, pour son salut, il abdiqua entre les mains des cardinaux et s'enfuit dans sa cellule.

— Excusez-nous, Monseigneur, reprit d'un air pincé une de ces dames ; nous ne comprenons pas encore très bien le sens de cette similitude.

— Il faut donc mettre les points sur les *i* ? Soit, mesdames ! Vous saurez donc qu'un prince temporel, si légitime qu'il soit, lorsqu'il ne connaît ni les hommes ni les choses, ni les possibilités, ni les difficultés de son pays et de son temps, lorsqu'il a passé presque toute sa vie à l'étranger, faisant là, sans contradicteurs, de la politique abstraite, vous saurez qu'un tel prince, avec toute la piété et toutes les vertus possibles, ressemble fort à Pierre de Mouron dans son cloître.

Vous saurez, de plus, qu'un Roi de France n'est pas un Pape, et que le trône de saint Louis, que j'aime pour ma part et respecte profondément, n'est pas après tout la chaire de saint Pierre.

Ce serait, mesdames, un gros péché, une hérésie, pis encore, une idolâtrie, que de prendre pour articles de foi tout ce que pourrait dire un Roi de France, même parlant du haut du trône. La politique est chose temporelle, variable et controversable et, dans ce domaine, il n'y a sur terre personne d'infaillible. C'est pourquoi, en lisant le manifeste de Mgr le Comte de Chambord, je me suis dit avec tristesse : voilà un prince qui se trompe, et sur son pays, et sur lui-même, il ne régnera jamais ou, s'il règne, fera sous la couronne, involontairement sans doute et avec les meilleures intentions du monde, autant de fautes en huit jours, et de plus graves que saint Célestin, tout saint qu'il était, n'en a, en cinq mois, commises sous la thiare. Ne vous récriez, mesdames ; chacun sur ce point, est libre de penser autrement que son évêque. Ce n'est point ma mission et ce n'est point mon habitude d'associer à nos œuvres communes, qui sont œuvres de charité, aucune pensée politique ; mais vous avez voulu connaître mon opinion sur un fait particulier, et je vous la donne humblement, dans l'espoir qu'elle contribuera peut-être à rétablir la concorde dans vos maisons. Mgr le Comte de Chambord, ajouta le prélat en se levant, est, par le fait de sa naissance, dans la situation de Pierre de Mouron après son élection, et j'espère que ce n'est point manquer au respect qu'on leur doit, que de comparer un Roi légitime à un Pape légitime. Le saint moine se repentit de n'avoir point abdiqué avant de régner. Pourquoi le Roi se réserverait-il le même repentir ?

Sur ce, l'Archevêque salua la compagnie.

Le grand vicaire, qui l'accompagnait et de qui je tiens l'anecdote, ne m'a pas dit si l'éminent prélat avait pleinement convaincu toutes ces dames.

## § 2

### AUTRES RAISONS. — AUTRES EXEMPLES

Au fond, pour Monseigneur, de quoi s'agisssait-il?

De descendre du trône? — Point! Monseigneur n'y était jamais monté.

De renoncer, pour son compte, à occuper ce trône vacant. — Non, si Monseigneur voulait bien y monter comme Roi constitutionnel. A ce titre, et à ces conditions, la France l'y eût porté dans ses bras.

Malheureusement Monseigneur voulait bien être Roi, mais sans condition, Roi de l'ancien régime et avec le drapeau de l'ancien régime. « Nous reprendrons, disait-il, en lui resti- » tuant son véritable caractère, le mouvement national de la » fin du *dernier siècle* (1). »

On continue l'histoire, on ne la recommence pas, et surtout une telle histoire.

La royauté inconditionnelle rêvée par Monseigneur est abolie. Elle l'a été, beaucoup moins par la violence que par le temps qui l'avait créée, par une prescription bientôt centenaire.

Monseigneur exigeait l'impossible, et devant cette impossibilité, naquit naturellement la pensée d'abdication qu'on lui prêtait.

On n'est Roi ni pour soi, ni pour une poignée d'amis fidèles ; on ne l'est pas pour réaliser un rêve qu'on a fait, et gouverner, au gré de ses désirs, un peuple imaginaire.

De tous côtés, j'entendais dire : il n'en coûtera rien à Monseigneur, s'il veut régner, d'abdiquer des prétentions vaines,

(1) Manifeste du 5 juillet 1871.

et s'il ne veut pas régner, d'en abdiquer le droit, le péril et l'honneur.

Voilà de quoi il s'agissait.

Quelle vocation que celle des rois ! Qu'elle est sévère ! Quelle responsabilité ! Plusieurs n'ont eu, dans toute leur vie, qu'une occasion de s'en montrer, sinon capables, au moins très dignes et c'était, hélas ! au moment de leur abdication.

Abdiquer est le seul moyen que la Providence leur ait donné de faire, avec certitude, quelque chose de grand et d'utile, d'épargner à leur patrie des bouleversements tragiques et, pour récompense, de conserver le sceptre en leur race. Les Stuarts n'avaient point compris cela ; ils ont mieux aimé tout risquer et tout perdre. Mais de nos jours, en 1848, Ferdinand I<sup>er</sup>, empereur d'Autriche, roi de Hongrie, roi de Bohême, etc., s'il n'a pas tout sauvé, a presque tout sauvé, famille et patrie, en abdiquant toutes ses couronnes (1).

Un grand oncle de Monseigneur, Charles-Emmanuel de Savoie, quatrième du nom, avait au commencement de ce siècle, donné pareil exemple. Après avoir perdu, en 1796, l'année même de son avènement, toutes ses possessions des deux côtés des Alpes, il s'était réfugié dans l'île de Sardaigne. Là, nouvelle épreuves. En 1802, éclate une rébellion. On lui demande la suppression de la féodalité, très lourde dans cette île, et, comme instrument et comme gage de cette révolution, un *statuto*. Refus. Ce prince avait, pour les « révolutions » et les révolutionnaires, « les constitutions » et les constitutionnels, les antipathies de son père (1) ; il ne cédera rien !

(1) Ce généreux prince vient de mourir et Dieu sait avec quel tendre respect on a célébré ses funérailles ! Monseigneur sait qu'il n'avait pas été, en 1848, le seul de sa maison à faire un sacrifice. L'héritier présomptif de l'Empire, trop engagé lui-même dans la politique des règnes précédents, qu'il avait, de bonne foi, admirée et servie, comprit qu'il ne lui appartenait guère d'en inaugurer une nouvelle. Il résigna, sans hésiter, ses espérances et ses droits personnels, et le manteau impérial retomba sur les épaules de François-Joseph, un adolescent, libre de toute compromission avec le passé, mais intelligent et résolu, et qui, au milieu des difficultés et des périls qu'on lui léguait, l'a porté et le porte encore sans faiblir.

(2) Victor Amédée III, l'ami hospitalier des émigrés, un des promoteurs de la coalition européenne contre la Révolution française. Il avait

C'était pour lui, comme pour Monseigneur, conviction, tradition, point d'honneur, métaphysique politique, scrupule de théologien. Cependant les communes rurales s'étaient liguées et les paysans, conduits à l'assaut par leurs curés, s'étaient emparés de Sassari. L'armée elle-même passait du côté des rebelles. Que fit le Roi? Il quitta l'île. Dans quel but? Pour aller attendre en paix, sous des lois étrangères, quelque miracle, la conversion subite et volontaire de ses sujets? Non! Pour y attendre que ce malheureux peuple, déjà livré à l'anarchie, devint la proie de l'étranger, ou que, sous l'oppression de ses inquiétudes et de ses misères, il rappelât à mains jointes, et sans conditions, son Roi légitime? Non! Non! ces perspectives, au contraire, l'émurent de compassion pour son pays, et de terreur pour lui-même. Bien qu'il n'eût point de fils, il se souvint que la Monarchie Sarde ne résidait pas tout entière en sa personne; qu'elle était avant lui, pouvait se relever après lui et sans lui; que Dieu et la loi même lui avaient, à défaut d'un fils, donné un héritier; que cet héritier, au lieu de s'embarquer, demeurait en Sardaigne, au sein de la tourmente, et que, s'il avait le titre de Roi, l'autorité qui s'attache à ce titre, il réussirait peut-être, par un moyen ou par un autre, à dominer une situation devenue pour lui-même intolérable. En conséquence, il abdiqua et mit ainsi d'accord et ses scrupules et son devoir (1).

marié, en 1771, une de ses filles à M. le comte de Provence, depuis Louis XVIII, et, en 1773, son autre fille Marie-Thérèze, à M. le comte d'Artois, depuis Charles X. Il laissa trois fils qui, tous trois, ont régné, et en qui s'est éteinte la branche aînée de la maison de Savoie, Charles-Emmanuel IV, Victor-Emmannel I<sup>er</sup> et Charles Félix.

(1) Il s'en alla vivre à Rome, dans un couvent. Victor-Emmanuel son frère, qui lui avait succédé, parvint, à l'aide de l'Autriche, à comprimer le désordre et à tout rétablir sur l'ancien pied. Il recouvra, en 1814, ses États du continent, même un peu agrandis par la seigneurie de Gênes. Mais, après l'insurrection italienne de 1821, il se fit, à son tour, un devoir d'abdiquer. Son frère, Charles-Félix gouverna en paix, sous la main de l'Autriche, et quoi qu'il n'eût lui-même point de fils, refusa, nonobstant les menaces de cette puissance, de déshériter son cousin, le prince de Carignan, bien que ce prince eût, sur les droits et les devoirs de la Royauté, de tout autres idées que les siennes. Charles-Albert, cependant, une fois sur le trône, jugea prudent d'ajourner jusqu'à des temps plus favorables l'exécution de ces idées. La constitution Piémon-

## § 3

### L'ERREUR MORALE.

Six mois s'étaient écoulés lorsque Monseigneur crut le moment venu de rompre le silence. Quelle ne fut pas notre stupeur !

Déjà lié par lui-même et envers lui seul, mais lié publiquement sur la question du drapeau, Monseigneur, comme pour s'ôter tout moyen de retraite et nous ôter à nous-mêmes tout espoir, se forgeait une chaîne nouvelle.

Non content de maintenir ses *prétentions*, Monseigneur n'avait repris la plume que pour ajouter un mot à ses déclarations précédentes, et ce mot le voici :

« Je n'abdiquerai jamais. »

Et depuis le 25 janvier 1872, que cela est écrit, Monseigneur a tenu parole. Après la déclaration presque unanime des députés légitimistes, du 25 février suivant ; après le touchant appel adressé, le 25 janvier 1873, à son patriotisme et à sa conscience, par un illustre Évêque ; après la loyale visite des

taise, comme il l'avait prévu, fut le signal de l'insurrection lombarde et d'une guerre avec l'Autriche. Vaincu à Novarre, ce vaillant prince à son tour abdiqua, léguant à son fils Victor-Emmanuel II, non la royauté de ses prédécesseurs, absolue au dedans, vassale au dehors, mais la royauté constitutionnelle bien autrement influente et puissante. Ce statut que Charles-Emmanuel IV repoussait avec horreur, a donné à Victor-Emmanuel II la souveraineté de l'Italie. La Russie et la Turquie exceptée, l'Europe entière ne connaît plus d'autre genre de monarchie. Mais l'objet de cette note est uniquement de rappeler les trois abdications qui, en ce siècle, ont honoré la dynastie de Savoie, et préparé sa grandeur.

princes d'Orléans à Frohsdorf; après les conférences de Saltz-bourg, racontées par M. Chesnelong et confirmées par son royal interlocuteur ; après tant d'avis et de supplications publiques et secrètes, Monseigneur n'a point abdiqué ses *prétentions*.

Après l'échec de la tentative monarchique, provoqué par la lettre du 27 octobre ; après la loi du 20 novembre suivant; après les quinze mois d'anxiété qui ont précédé l'établissement de la République légale, Monseigneur n'a point abdiqué son droit.

Dégagé des prétentions qui l'accompagnent, il était reconnu, ce droit, il était accepté d'avance. Que devient-il dans les mains de Monseigneur? Un moyen d'empêcher la République? Non ! Un moyen d'empêcher l'Empire ? Pas davantage ! Monseigneur s'en sert comme d'un moyen d'imposer ses prétentions. Monseigneur comprend son droit de telle sorte que, ne pouvant le rendre utile, il le rendrait nuisible, et à sa propre renommée, et aux intérêts de son pays. — Ce n'est plus dans sa main qu'une espèce de droit de *veto* contre la restauration de la Monarchie constitutionnelle sous la maison de Bourbon.

On jurerait, vraiment, que ce soit un péché d'abdiquer.

Monseigneur ne voit pas que dans toute situation analogue à la sienne, c'est, au contraire, pour un prince chrétien, le plus sacré des devoirs.

Un dernier exemple, je l'espère, parlera, en ce sens, de plus près à son cœur.

Le vieux roi Charles X et M. le Dauphin ont abdiqué ensemble, le 2 août 1830. Qu'ont-ils abdiqué? Tout, leurs prétentions et leur droit.

Leurs prétentions? Ils avaient, après trois jours de lutte et trois jours de réflexion, reconnu leur impuissance à les faire accepter. Comme ils avaient encore les armes à la main, et autour d'eux des régiments fidèles, auraient-ils confié à un enfant, à peine échappé des bras de sa nourrice, la cause qu'ils renonçaient l'un et l'autre à défendre ?

Le respect interdit pareille conjecture. Le Roi et son auguste fils ont, le 2 août, sans arrière-pensée, de bonne foi, loyalement, immolé les souvenirs de leur jeunesse, leurs rêves d'émigrés, leur propre conception du droit royal à leurs devoirs envers la monarchie et envers la France.

Ils ont abdiqué autre chose, leur droit véritable, leur droit constitutionnel, seul transmissible, et l'ont transmis à Monseigneur qui, à présent, mis en demeure, ne veut ni l'exercer, ni le transmettre.

Il semble que Monseigneur se porte aujourd'hui héritier, non de Charles X et de Louis XVIII, rois constitutionnels; non de Louis XVI qui, par patriotisme, avait juré, à l'ombre du drapeau tricolore, la Constitution de 91, toute défectueuse qu'elle fût; mais de son bisaïeul Louis XV, roi modèle, comme chacun sait, que ne gêna aucune constitution écrite, et à qui le drapeau blanc fit un règne si exemplaire.

En vérité, plus on étudie la conduite de Monseigneur en ces dernières années, moins on la comprend. Dans l'état misérable où nous étions tombés après les deux sièges de Paris, quand, pour nous aider à en sortir, nous comptions sur le dévouement de Monseigneur, et tendions vers lui des mains suppliantes : Non ! répond Monseigneur, brûlez d'abord votre drapeau; oubliez tous, tant que vous êtes et qui que vous soyez, les affections et les idées de toute votre vie. La monarchie vous est nécessaire ! Je vous l'apporterai avec le drapeau et les idées d'avant 89. — Mais, s'écrie-t-on, que Monseigneur daigne considérer..... — Point de raisons ! — Un mot seulement ! — Ce serait temps perdu. Je suis votre Roi, et j'ai fait connaître assez haut ma volonté. — Alors tout devient impossible, à moins que..... — Silence ! Je n'abdiquerai jamais !

C'était donc, comme on dit, à prendre ou à laisser.

L'Assemblée nationale restait, d'ailleurs, maîtresse de faire tout ce qu'elle ne voulait pas faire, la République dont on a peur, l'Empire dont on a honte, ou bien de se dissoudre dans l'impuissance de rien faire. Pour échapper à ces dures nécessités, Monseigneur ne lui offrait en perspective que la monarchie de Louis XV..... avec espérance de réformes. De tous les autres régimes dont le pays ait souvenance, Monseigneur n'en excluait qu'un, la monarchie légitime et constitutionnelle, c'est-à-dire, le plus bienfaisant, le plus regretté de tous les

régimes, le seul raisonnable, le seul enfin qu'on pût sérieuse=
ment tenter de rétablir, et que, par cette raison, l'on voulait
rétablir. Monseigneur a muré devant nous cette porte de salut, et ne nous a laissé d'ouvert que le chemin des aventures,
dont la pire eût été précisément, pour ce malheureux peuple,
un saut de cent ans en arrière.

Monseigneur se flattait sans doute que la crainte qu'on a
de la République et de l'Empire serait encore plus forte que
celle qu'inspire l'ancien régime. Il avait, en conséquence, en-
fermé l'Assemblée comme dans un étau, entre un oui et un
non, suivant la méthode césarienne.

En pareil cas, négative ou affirmative, la réponse n'est pas
l'expression d'une volonté libre. Cette contrainte morale,
toujours funeste aux peuples qui la subissent, avait, en 1851,
engendré l'Empire et toute la série de malheurs publics que
contenait l'Empire. Exercée par Monseigneur, elle a déjà, ce
qui est un beau commencement, produit la République du
25 février, laquelle nous conduira Dieu sait où !

C'est que cette contrainte qu'on appelle morale, parce
qu'elle s'exerce sur la conscience des hommes, et sans intervention visible de la force matérielle, mérite un autre
nom, lorsqu'on la considère par rapport à celui qui l'emploie
et qu'on la juge par ses effets. On voit alors qu'au fond, elle
n'est qu'abus de pouvoir, tyrannie, injustice.

Parce qu'on est Roi légitime, aussi légitime que Charles VI
et Charles IX, que Louis XIV et Louis XV, il ne s'en suit pas
qu'on sache toujours bien ce qu'on fait, qu'on n'ordonne rien
de juste, que tout ce qu'on désire et que tout ce qu'on veut
soit légitime.

Dans ce passé qui est le nôtre aussi, que nous connaissons,
aimons et admirons, mais seulement par ses beaux endroits;
dans ce passé où les illusions de Monseigneur voudraient
nous ramener, on avait eu, devant les yeux, depuis des siècles,
tant et de si cruelles preuves de la fragilité des Rois, que c'est
de cette longue contemplation, de ces constatations multi-
pliées et de cette douloureuse évidence qu'est né le sentiment,
puis le désir, puis le besoin irrésistible de garanties sérieuses
contre le bon plaisir des rois et contre l'arbitraire ministériel.

Voilà pourquoi Monseigneur, venu au monde en 1820, est, par la date de sa naissance, l'héritier légitime, non d'une monarchie inconditionnelle, mais d'une monarchie constitutionnelle.

La légitimité de Monseigneur ne légitime donc à aucun degré, l'opposition qu'il a faite à la restauration de ce beau et noble régime.

La légitimité de Monseigneur ne justifie, ni devant Dieu ni devant les hommes, la condition potestative qu'il a mise au rétablissement de la royauté française, en nous jetant de loin, comme un défi, cette triste parole : Je n'abdiquerai jamais !

En ce pays, on comprend tout. On comprend que, dans un exil de plus de quarante années, Monseigneur se soit formé des idées chimériques et sur la France d'aujourd'hui et sur la France d'autrefois, n'ayant pas plus vécu dans l'une que dans l'autre. On comprend que les instituteurs de sa jeunesse lui aient imprimé dans l'esprit des notions de droit politique peu exactes et désormais sans application possible en ce royaume, non plus que dans les neuf-dixièmes des États de l'Europe. On comprend les utopies qu'un prince vertueux aurait pu édifier sur de si frêles bases, et loin d'en faire un crime à Monseigneur, on serait plutôt porté à l'en plaindre, comme d'un nouveau malheur attaché à sa destinée.

Mais que, dans une telle situation comparée à celle de la patrie souffrante, Monseigneur ait osé prendre et tenir jusqu'à cette heure l'engagement de n'abdiquer jamais, voilà ce qu'on ne comprend plus du tout. On ne saurait du moins l'expliquer par aucune bonne raison et, je souffre à le dire, par aucun bon sentiment.

Quoi ! Monseigneur dit qu'il aime la France, et plutôt que d'abdiquer, il la laissera périr ! Quoi ! Monseigneur dit qu'il est loyalement réconcilié avec sa famille et, plutôt que d'abdiquer, il l'abandonne, de sang-froid, aux redoutables chances que son orgueil aura préparées à la Patrie ! Quoi ! même en admettant que cette malheureuse Patrie soit véritablement coupable et qu'elle ait mérité de nouveaux châtiments, c'est lui, c'est Monseigneur qui aura été son juge et qui veut êt

re son bourreau ! Quoi ! Monseigneur n'abdiquera jamais !

Avant de prendre une telle résolution, Monseigneur en a-t-il mûrement pesé les conséquences ? Y a-t-il un moment pensé aux pieds du crucifix ?

La conscience chrétienne se soulève à cette pensée : un descendant des Rois qui ont fait la France, perdre la France ! Un fils de saint Louis perdre la maison et le royaume de saint Louis !

Non ! Monseigneur rétractera un engagement si téméraire, et de jour en jour moins excusable. Peut-être n'est-il plus temps de réparer ici-bas les fautes déjà commises. Les reconnaître, au moins, avant qu'elles n'aient produit la série de maux inconnus dont elles semblent grosses, est un devoir.

Monseigneur n'y faillira pas.

# CONCLUSION GÉNÉRALE

Si la République, telle qu'elle est organisée, nous donne un calme, une prospérité, un crédit, une force inattendue, je m'en réjouirai. Si elle nous procure des alliances plus inattendues encore, je me croirais coupable, pour ma part, d'apporter à ces résultats le moindre obstacle.

Mais si la meilleure des constitutions républicaines devait, comme la plus imparfaite, tromper l'attente des honnêtes gens, je fais des vœux pour que la France se souvienne qu'elle a, dans la Monarchie constitutionnelle, un refuge éprouvé, et pour que Monseigneur, voyant ce navire en détresse, daigne enfin lui faciliter l'entrée au port.

# PARIS

**IMPRIMERIE BALITOUT, QUESTROY ET C[e]**

7, RUE BAILLIF ET RUE DE VALOIS, 18.

www.ingramcontent.com/pod-product-compliance
Lightning Source LLC
Chambersburg PA
CBHW061358060726
47597CB00003B/912